PETITS CLASSIQUES

LAROUSSE

Collection fondée par Félix Guirand, Agrégé des Lettres

La guerre de Troie
n'aura pas lieu

GIRAUDOUX

pièce en deux actes

Édition présentée,
annotée et commentée par
Françoise LÉTOUBLON
Professeur à l'université
Stendhal (Grenoble)
Membre de l'Institut
universitaire de France

Marie-Odile BOUCRIS
Agrégée de Lettres classiques

Agnès GUINCHARD
Agrégée de Lettres modernes

Vianella GUYOT
Agrégée de Lettres classiques

www.petitsclassiqueslarousse.com

SOMMAIRE

Avant d'aborder le texte

La guerre de Troie n'aura pas lieu
GIRAUDOUX

Comment lire l'œuvre

Avant d'aborder le texte

La guerre de Troie n'aura pas lieu

Genre : dramatique (le terme « pièce » semble impliquer une volonté de ne pas choisir entre tragédie et comédie).

Auteur : Giraudoux.

Structure : 2 longs actes. La transition se fait par le passage du dialogue entre Hélène et Cassandre (acte I, scène 8) à celui entre la même Hélène et le jeune Troïlus (acte II, scène 1).

Sujet : Hector revient d'une campagne militaire, victorieux mais las de la guerre, et trouve sa femme Andromaque en discussion avec sa sœur Cassandre à propos de l'ambassade grecque qui réclame Hélène, enlevée par Pâris. Une grande partie des Troyens, fascinés par la beauté d'Hélène ou avides de guerre, refusent de la rendre. La guerre de troie aura-t-elle lieu ?

Personnages principaux : Andromaque, Hélène, Hécube, Cassandre, Hector, Pâris, Priam, Ulysse, Demokos.

Personnages secondaires : La petite Polyxène, La Paix, Troïlus, Oiax, le Gabier, le Géomètre, Iris, Abnéos, Olpidès, Vieillards, Servantes, Messagers.

Musique de scène par Maurice Jaubert.

Première représentation : le 21 novembre 1935 au théâtre de l'Athénée sous la direction de Louis Jouvet.

Interprétation des rôles principaux pour la première : Renée Falconetti : Andromaque ; Madeleine Ozeray : Hélène ; Marie-Hélène Dasté : Cassandre ; Paule Andral : Hécube ; Louis Jouvet : Hector ; Alain Renoir : Ulysse ; Romain Bouquet : Demokos ; Robert Bogar : Priam ; José Noguero : Pâris.

Première représentation de La guerre de troie n'aura pas lieu *au théâtre de l'Athénée en novembre 1935, sous la direction de Louis Jouvet.*

JEAN GIRAUDOUX
(1882-1944)

L'enfance et les études

1882

Jean Giraudoux naît le 29 octobre 1882 à Bellac, en Limousin, où il situera plusieurs de ses œuvres (en particulier *Siegfried et le Limousin* et *L'Apollon de Marsac* devenu plus tard *L'Apollon de Bellac*). Son père est percepteur près de Châteauroux.

1893 à 1902

Études secondaires au lycée de Châteauroux où il est interne jusqu'au baccalauréat. Parmi ses professeurs, Henri Bornecque. Élève brillant, passionné de théâtre, il compose sa première pièce à onze ans, et écrit en 1898 une lettre à Edmond Rostand, en admiration devant *Cyrano*. En 1899, il est élève en classe de Rhétorique, et son discours au banquet des anciens élèves est publié dans la presse locale.

1900

Bachelier en Philosophie, il obtient une bourse pour préparer au lycée Lakanal à Sceaux le concours de l'École normale supérieure. Son père est nommé percepteur à Cusset, près de Vichy, où la famille se retrouve désormais. Il assiste à la création de *Pelléas et Mélisande* de Debussy. Il est reçu 13e à l'École normale supérieure.

1902-1903

Service militaire dans l'infanterie.

1903

Entrée à l'École normale supérieure, en section de lettres, avec Louis Séchan, Paul Hazard, Jérôme Carcopino... Il rencontre Charles Andler, qui enseigne la littérature allemande et l'impressionne profondément.

1904-1905

Licence de lettres à la Sorbonne et études d'allemand. En mai, il joue dans *Le Passage de Vénus* de Meilhac et Halévy pour la revue de l'École. Il soutient un mémoire sur l'ode pindarique chez Ronsard.

1905-1906

Séjour en Allemagne, voyages en Europe centrale et en Italie, puis aux États-Unis, où il est lecteur de français à Harvard. En Allemagne, il se lie avec le dramaturge Frank Wedekind et rencontre Eugène Morand, commissaire pour la France d'une grande exposition de peinture. Il donne des leçons à son fils Paul ; c'est le début d'une grande amitié. Premiers fragments d'œuvres publiés dans la revue *Athéna*. En novembre 1906, retour – un peu difficile – à la rue d'Ulm, pour préparer l'agrégation d'allemand.

1907

Persuadé d'échouer à l'agrégation, il commence à envisager une carrière consulaire et obtient une bourse pour l'université d'Harvard. En 1907-1908, il enseigne le français, donne des conférences et visite les États-Unis et le Canada.

Les débuts dans la littérature et la diplomatie

1907-1909

Premières publications de contes dans la presse. En 1908, les amis de Paul Morand se réunissent régulièrement rue de l'École de médecine, sous le nom des « Cordeliers ». Giraudoux fréquente les cafés littéraires, le cercle de Moréas et le jeune éditeur Bernard Grasset chez qui il publie en 1909 son premier recueil de nouvelles sous le titre symbolique *Les Provinciales*. Écho critique favorable de la part d'André Gide.

1910

La réussite au premier rang au « petit concours » des Affaires étrangères marque son entrée dans la carrière diplomatique. Il est amoureux de Lilita Abreu, sœur de son ami Pierre Abreu.

1911

Publication d'un deuxième recueil de nouvelles, *L'École des indifférents*. Paul Claudel découvre son talent et le fait connaître à Philippe Berthelot, directeur de cabinet ministériel, partisan d'Aristide Briand et opposé à Poincaré. Berthelot le prend sous sa protection.

1911-1913

Voyages professionnels (Constantinople, Allemagne, Pologne et Russie) et d'agrément. Il commence à écrire *Simon* (plus tard *Simon le Pathétique*). En 1913, il fait la connaissance de Suzanne Boland, très belle femme mariée et mère de deux enfants, qui devient sa maîtresse.

L'expérience de la guerre

1914

Début juillet, *Simon* commence à paraître dans *L'Opinion*. À la déclaration de guerre le 31, retour de Cusset, où son père malade a pris une retraite anticipée. Il est mobilisé. En août a lieu la campagne d'Alsace, et en septembre la bataille de la Marne. Marqué par l'expérience militaire, il rédige des carnets de route qui seront publiés en 1917 (*Lectures pour une ombre*). Il est deux fois blessé, dans les tranchées dès 1914 et au cours de l'expédition des Dardanelles en 1915. Il est alors évacué de Turquie vers Paris, puis envoyé en mission au Portugal et à nouveau à l'université d'Harvard.

1917

La chute du ministère Briand marque pour Berthelot et Giraudoux une période difficile.

Retour à la vie civile, à la littérature et à la carrière diplomatique

1918-1920

Publication de son premier roman, *Simon le Pathétique*, dans le genre autobiographique, du récit de guerre *Amica America* et du recueil de nouvelles *Elpénor* (inspiré par un épisode de l'*Odyssée*).

En décembre 1919, naissance de Jean-Pierre Giraudoux, fils unique de Jean Giraudoux et Suzanne Boland. En février 1920, le père de Giraudoux meurt à Cusset après une douloureuse maladie. En mai 1920, Suzanne obtient enfin le divorce. La même année, Giraudoux publie chez Émile-Paul le récit de guerre *Adorable Clio*.

1921-1923

Jean Giraudoux épouse Suzanne Boland en février et publie en juin *Suzanne et le Pacifique*, roman. Il est promu secrétaire d'ambassade en juillet, chef du service des œuvres françaises à l'étranger en octobre. Berthelot démissionne du secrétariat général des Affaires étrangères.

Pendant l'été 1922, Giraudoux finit d'écrire *Siegfried et le Limousin*, roman qui sort à la rentrée.

En avril 1923, voyage au Maroc. En juin, interview dans *Les Nouvelles littéraires* pour défendre les œuvres et les écrivains de la *Nouvelle Revue française*. Il est reçu avec Paul Morand et Edmond Jaloux par les écrivains belges.

1924-1925

Publication de *Juliette au pays des hommes*, roman, et nomination comme secrétaire d'ambassade à Berlin. Début de la rédaction de *Bella*. Giraudoux signe un contrat avec Grasset, et il est rappelé à Paris comme chef des Services d'information et de presse aux Affaires étrangères.

En mars 1925, il rencontre Anita de Madero, riche et très jeune héritière argentine avec laquelle commence une liaison secrète qui va durer onze ans.

En octobre 1925, *Bella* commence à paraître dans la *Nouvelle Revue française*. Briand, avec Berthelot et Alexis Léger, dit

Saint-John Perse, entre autres, part pour la conférence de Locarno ; Giraudoux séjourne à Cusset.

Aléas de carrière et formation d'un duo fécond

1926

En janvier, Giraudoux est nommé officier de la Légion d'honneur, et le scandale de *Bella* éclate : on reconnaît Poincaré dans le personnage caricatural de Rebendart. Poincaré revient au gouvernement en juillet, et réagit en faisant placer Giraudoux hors cadre.

1927-1928

Rencontre avec Louis Jouvet, qui dirige alors la troupe de la Comédie des Champs-Élysées. Le 2 mai 1928, première représentation de *Siegfried*, adaptation du roman *Siegfried et le Limousin*, mis en scène par Louis Jouvet, grand succès au théâtre des Champs-Élysées.

1929

De 1929 à 1939, Giraudoux continue à écrire, surtout des œuvres dramatiques, en collaboration avec Louis Jouvet. En 1929, succès d'*Amphitryon 38* à la Comédie des Champs-Élysées.

1930

Voyage en Suisse, en Allemagne (*Amphitryon 38* à Berlin) et en Grèce, visite des théâtres d'Athènes et de Delphes.

1931

Judith : échec relatif de la collaboration avec Jouvet.

1932

Chargé de mission au cabinet du ministre Émile Herriot, il accompagne le ministre à la conférence internationale de Lausanne en juin-juillet.

1933

Première d'*Intermezzo* à la Comédie des Champs-Élysées. Le Corbusier lui apporte le manuscrit de *La Ville radieuse*.

1934

Début de la collaboration avec *Le Figaro*. Après la mort de Poincaré, il est nommé inspecteur général des postes diplomatiques et consulaires, s'installe au 89, quai d'Orsay, et fait des conférences sur la femme (recueil publié chez Gallimard en 1951, *La Française et la France*).

1935

Conférence sur l'urbanisme, voyage d'inspection au Moyen-Orient. À son retour à Paris, il signe un contrat pour une pièce provisoirement appelée *Hélène*. En septembre, il fait une rapide fugue avec Anita de Madero.

Le 21 novembre, première représentation au théâtre de l'Athénée, sous la direction de Jouvet, de *La guerre de Troie n'aura pas lieu*, et du *Supplément au voyage de Cook* en lever de rideau.

En décembre, voyage d'inspection dans les pays baltes, en Pologne et en Allemagne. Premières ébauches d'*Électre*.

1936

En janvier, conférences sur « Les Cinq Tentations de La Fontaine » (publiées en recueil chez Grasset en 1938).

La même année, Giraudoux rencontre une femme mystérieuse désignée par ses initiales « J.V. ». En mars, Anita de Madero rompt et épouse son cousin. Giraudoux fait un long voyage d'inspection en Amérique, de mars à juillet, et rédige *La Menteuse* et *Les Gracques*. En novembre, première de *La guerre de Troie n'aura pas lieu* en allemand à Vienne. Il passe par Belgrade et Varsovie.

1937

Première d'*Électre* le 13 mai. *L'Impromptu de Paris* est donné à l'Athénée le 4 décembre. Giraudoux passe par Oxford pour voir Jean-Pierre avant d'embarquer pour New York et la Nouvelle-Orléans. Premières ébauches d'*Ondine*. Nouveau voyage dans le Pacifique, en Australie, Indochine... Retour à Marseille en mars 1938.

1938

Le *Cantique des cantiques* est mis en scène par Jouvet à la Comédie-Française. En juillet, cure à Vittel : il retrouve Edmond Jaloux et Charles de Polignac.

1939

En janvier, il termine *Le Choix des élues*. En février-mars, les conférences des *Annales* obtiennent un grand succès (publication chez Gallimard sous le titre *Pleins Pouvoirs*). En avril, interview à propos d'*Ondine* par Isabelle Montérou ; la première représentation a lieu le 4 mai. Au cours d'un voyage Le Havre - New York, ébauche de *Sodome et Gomorrhe*.

Tourments de la Seconde Guerre mondiale
1939

Fin juillet 1939, pendant sa cure à Vittel, Giraudoux apprend sa nomination comme commissaire général à l'Information, poste délicat. Il prend ses fonctions en août. Le 2 septembre, la guerre est déclarée ; le 3 septembre, Isabelle Montérou devient sa maîtresse.

1940

Paul Reynaud transforme l'Information en ministère ; Giraudoux a une fonction honorifique. En juin, Jean-Pierre est mobilisé : dernière entrevue entre père et fils. Le 19 juin, Jean-Pierre répond à l'appel du général de Gaulle, et invite en vain son père à le rejoindre. Le gouvernement Pétain s'installe à Vichy, où Giraudoux se trouve déjà. Il essaie vainement de faire revenir son fils. Fin décembre, il séjourne à Paris avec Isabelle. Janvier 1941, mis à la retraite, il rentre à Paris, laissant l'appartement du quai d'Orsay à Suzanne pour demeurer à l'hôtel. Il voit Jouvet en avril-mai avant le départ de la troupe pour l'Amérique du Sud, et écrit pour lui le scénario d'un film tiré de *La Duchesse de Langeais* de Balzac.

1941

Littérature, recueil d'essais publié chez Grasset.

1942

Jouvet crée à Rio *L'Apollon de Marsac*. Giraudoux voyage entre Paris, Lyon où il voit Isabelle, et Cusset.

1943

Jouvet monte *Sodome et Gomorrhe*. Isabelle y voit un hommage à Suzanne et rompt. Le 4 novembre, la mère de Giraudoux meurt. Il prend froid à l'enterrement.

1944

Le 25 janvier, à la première d'*Amphitryon 38* sous forme de pièce lyrique, il se sent mal, est transporté à l'appartement du quai d'Orsay. Il meurt le 31 janvier 1944, à l'âge de soixante et un ans.

Influence de la littérature grecque

Giraudoux a été très profondément marqué par ses études classiques, en particulier, comme ses aînés et contemporains Valéry, Claudel, Cocteau ou Saint-John Perse, par la littérature grecque et Homère. Une œuvre de jeunesse publiée en 1918 sous le titre d'*Elpénor* s'inspire de l'*Odyssée* et manifeste déjà les qualités de style de Giraudoux-écrivain, son esprit subtil et son goût passionné pour le langage. Quand il était élève à l'École normale supérieure, il a joué dans *Le Passage de Vénus* de Meilhac et Halévy pour la revue annuelle de l'École, l'année où il soutenait un mémoire sur l'ode pindarique chez Ronsard. *La guerre de Troie n'aura pas lieu* montre à de nombreuses reprises que l'*Iliade* n'est pas pour lui un texte mort : par la médiation probable de l'opérette et de *La Belle Hélène*, le rire des dieux d'Homère reste chez lui vivace, et l'humour semble un moyen efficace pour échapper au tragique.

La Seconde Guerre mondiale aura-t-elle lieu ?

Entré dans la carrière diplomatique en 1910 par sa réussite au « petit concours » des Affaires étrangères – après un échec en 1909 au « grand concours » –, puis dans les cabinets ministériels en 1911 sous la protection de Claudel et de Philippe Berthelot, Giraudoux avait acquis une expérience des affaires et des tensions internationales.

Mobilisé en juillet 1914, il n'a pas fait partie des « planqués » de l'« arrière », mais a participé à la campagne d'Alsace et à la bataille de la Marne en 1914, à l'expédition des Dardanelles en 1915, et a été deux fois blessé. L'écho de la Première Guerre mondiale retentit dans ses publications : *Lectures pour une ombre*, carnets de guerre, en 1917, *Amica America* en 1918.

En tant que diplomate et ancien combattant, il était donc particulièrement sensible aux tensions qui reprennent dans les années vingt avec le désir de revanche de l'Allemagne ou du moins de certains Allemands.

En outre, ses études d'allemand, la passion de la littérature allemande que lui avait transmise Charles Andler, ses séjours et voyages en Allemagne, dans les pays d'Europe centrale et aux États-Unis, ses affinités avec Aristide Briand par l'intermédiaire de Philippe Berthelot, lui font comprendre la complexité des relations franco-allemandes et l'amènent à s'opposer à la propagande nationaliste de chaque côté de la frontière.

Or la tension monte, même si certains signes portent à l'optimisme ; en 1921, Berthelot, mis en cause dans l'affaire de la Banque industrielle de Chine, doit démissionner du secrétariat général des Affaires étrangères et, en janvier 1922, Raymond Poincaré, à nouveau chef du gouvernement, inaugure une politique de fermeté envers l'Allemagne, qui aboutit effectivement à l'occupation de la Ruhr en 1923, ce qui a ulcéré les Allemands et contribué au succès de la propagande nazie. La publication de *Siegfried et le Limousin* en 1922 se situe dans ce contexte franco-allemand. Giraudoux propose à Jacques Copeau d'adapter *Siegfried et le Limousin* pour le théâtre en octobre 1923. Il est nommé secrétaire d'ambassade à Berlin en 1924, et commence alors à rédiger *Bella*, pamphlet contre Poincaré, qui fait scandale en 1924-1925.

La Conférence internationale de Locarno en 1925 aboutit à des garanties sur la stabilité de la frontière franco-germano-belge : la délégation française se compose, avec Briand, de Philippe Berthelot et Alexis Léger (alias Saint-John Perse).

Poincaré, revenu au gouvernement en juillet 1926, met Giraudoux au « placard » dans une annexe du ministère des Affaires étrangères, sinécure dont il sait tirer profit pour écrirer et publier, mais qui l'éloigne du pouvoir.

La première représentation de *Siegfried*, adaptation au théâtre du roman *Siegfried et le Limousin*, a finalement lieu le 2 mai 1928, dans une mise en scène de Louis Jouvet. Cette première collaboration entre les deux hommes obtient un grand succès au théâtre des Champs-Élysées.

Giraudoux retourne en Allemagne en 1930 (pour la première d'*Amphitryon 38* à Berlin), alors que la crise économique sévit.

En 1932, il est chargé de mission au cabinet d'Émile Herriot et il accompagne le ministre à la Conférence internationale de Lausanne en juin-juillet – un détail de *La guerre de Troie* renvoie peut-être à cet événement – puis il est nommé, après la mort de Poincaré, inspecteur des Postes diplomatiques et consulaires (1934). Entre-temps, en Allemagne, la crise économique et sociale a porté Hitler et les nazis au pouvoir (1933) dans une ascension qui semble irrésistible.

En 1935, un voyage d'inspection au Moyen-Orient (Istanbul, Ankara, Mossoul, Bagdad, Téhéran, Tabriz, Alep, Beyrouth, Jérusalem, Jaffa, Le Caire, les Pyramides, Alexandrie) a peut-être ramené à la mémoire de Giraudoux la campagne des Dardanelles de 1915 et ses souvenirs des *Carnets des Dardanelles*. Quoi qu'il en soit, à son retour à Paris, il signe un contrat pour une pièce provisoirement appelée *Hélène*, qui deviendra *La guerre de Troie n'aura pas lieu*.

Une rapide fugue avec Anita de Madero en septembre 1935 évoque peut-être pour lui le voyage d'Hélène et de Pâris.

La visite de Troie : Homère, Schliemann et l'actualité

La guerre de Troie n'aura pas lieu se présente évidemment d'abord comme une relecture de l'*Iliade* modifiée par bien des textes ultérieurs, dont certains sont oubliés aujourd'hui, tels les récits en latin de Dictys de Crète et de Darès de Phrygie qui, paradoxalement, ont assuré la survie d'Homère au Moyen Âge, ainsi que l'*Énéide*, *Le Roman de Troie*, et les opérettes de Meilhac et Halévy déjà citées qui ont fait le bonheur du second Empire.

Homère en effet ne raconte pas dans l'*Iliade* la guerre de Troie du début à la fin, mais à partir de la querelle entre Achille et Agamemnon au cours de la dixième année de la guerre jusqu'à la mort d'Hector. C'est seulement par les autres textes, remontant à des épopées anciennes perdues dont on

Madeleine Ozeray (Hélène) en décembre 1937, lors de la reprise de la pièce.

parle sous le nom de *Cycle épique*, par l'*Odyssée*, les tragédies du cycle troyen d'Euripide (*Hécube*, *Les Troyennes*, *Andromaque*) et par des mythographes tardifs comme Apollodore, que l'on connaît l'ensemble du mythe d'Hélène, depuis l'œuf de Léda et le Jugement de Pâris jusqu'à la prise de Troie et au retour d'Hélène et Ménélas à Sparte-Lacédémone. Giraudoux renvoie à cette suite mythologique artificiellement reconstituée.

Mais certaines scènes de l'*Iliade* sont très probablement restées dans la mémoire de Giraudoux comme chez beaucoup d'autres, celle du chant III où Hélène monte sur les remparts de Troie, où les vieillards troyens discourent « comme des cigales », admirent sa beauté, et où elle montre à Priam les chefs grecs dans la plaine, et celle du chant VI où Andromaque, avec son fils Astyanax et la nourrice, rencontre Hector sur le même rempart : le sourire mêlé de pleurs d'Andromaque et la frayeur d'Astyanax à la vue du casque empanaché d'Hector émeuvent tous les lecteurs.

La guerre de Troie a eu en Europe une réception mouvementée de la Renaissance au XIXe siècle : les poètes de la Pléiade y font souvent allusion, et les sonnets de Ronsard ont visiblement inspiré Giraudoux. Homère était au centre de la querelle des Anciens et des Modernes, et la traduction d'Anne Dacier (1715 pour l'*Iliade*) a exercé une très grande influence, nullement limitée à la France. Les partisans des Modernes avaient parfois mis en question l'existence d'Homère et l'unité de composition des poèmes homériques, problème qui resurgit à la fin du XVIIIe siècle avec la découverte à Venise par Alexandre d'Anse de Villoison d'un manuscrit, le *Venetus A*, comportant de nombreuses scholies (annotations dues aux savants de l'école alexandrine). La découverte de Villoison, à la veille de la Révolution française, a fait son chemin avec le philologue allemand Wolf qui, dans ses *Prolegomena ad Homerum* en 1795, contestait l'existence d'un poète unique et l'authenticité des épopées.

Déjà dans l'Antiquité, on ne pouvait plus situer sur une carte la Troie d'Homère. Mais, en dépit aussi bien de l'absence de traces que des critiques philologiques, celle-ci ne cessait de passionner l'opinion, et les archéologues fouillaient le sol avec obstination. En 1870, un dilettante allemand, Heinrich Schliemann, découvrit enfin sur le site d'Hissarlik plusieurs villes fortifiées, pour ainsi dire superposées, et un trésor d'objets dont beaucoup en or, qu'il appela « le trésor de Priam » – exposé après sa mort à Berlin, où Giraudoux a dû le voir, disparu pendant la Seconde Guerre mondiale et retrouvé depuis à Moscou... Schliemann publia sa découverte en allemand, puis en français, et ses fouilles eurent un énorme retentissement en Europe, montrant que la guerre de Troie avait eu une certaine réalité, même si l'existence d'Homère comme auteur de l'*Iliade* était contestée. Depuis lors, l'archéologie moderne a prouvé que Schliemann avait fait une grosse erreur de datation. Cependant, Troie VII peut, selon les spécialistes, être identifiée avec l'époque de la guerre de Troie et des royaumes mycéniens, vers 1500 av. J.C. – Schliemann a aussi découvert Mycènes et le « masque d'Agamemnon » visible au musée d'Athènes – et on peut de nos jours visiter les murailles évoquées par l'*Iliade*.

À toutes ces connaissances sur la guerre de Troie dans la littérature et les archéologies troyennes, assez communes en son temps, Giraudoux ajoute une « expérience de terrain » en Turquie, à l'occasion de la campagne des Dardanelles en 1915 et ensuite par ses missions diplomatiques ; il connaît les Orientaux qu'il évoque dans la pièce, et il a visité la Grèce en 1930. Certaines notations sur la vue des îles depuis Troie peuvent venir de souvenirs personnels.

Le théâtre en France entre les deux guerres

Dans les années vingt, le théâtre français semblait pratiquement moribond : rien ou presque rien de remarquable depuis la création d'*Ubu roi* d'Alfred Jarry en 1896. Le théâtre de boulevard continuait cependant à peu près comme avant la guerre. La première pièce de Giraudoux, *Siegfried*, avait dû son succès en 1928 à un véritable talent de dialoguiste et surtout au talent de metteur en scène de Louis Jouvet, qui n'hésitait pas à

demander des modifications textuelles pour passer à la scène.
Certaines relectures personnelles des thèmes antiques avaient
déjà montré avant Giraudoux que le recours aux mythes les
plus anciens, déjà fréquemment revisités par le théâtre et
l'opéra depuis le XVIᵉ siècle, et en particulier pour les pièces
inspirées d'Homère et d'Euripide par Racine, n'était nullement passéiste : André Gide avait publié son *Prométhée mal
enchaîné* en 1899, Victor Segalen avait composé un *Orphée
Roi* en 1921, Cocteau son *Orphée* six ans plus tard, sa
Machine infernale en 1934. Le thème d'Électre avait rencontré le succès avec Hofmannsthal (1903) et Strauss (1909), puis
O'Neill (1929-1931). Le succès d'*Amphitryon 38* à la
Comédie des Champs-Élysées en 1929 a dû encourager le duo
Giraudoux-Jouvet à reprendre la collaboration avec les
Anciens.

Une transposition réussie sans trahison

La réussite de Giraudoux dans *La guerre de Troie*, l'une des
pièces de notre siècle qui est le plus souvent reprise, tient selon
nous à une rare coïncidence entre la transposition du thème
connu dans le contexte du conflit franco-allemand et l'audace
de son usage des sources.
Pour la transposition du contexte contemporain, citons les
allusions à la Première Guerre mondiale, la « der des ders »,
aux conférences internationales et aux efforts des diplomates,
au nationalisme exacerbé de chaque côté, avec monuments
aux morts, discours d'inauguration, chants nationaux, d'autant plus vigoureux que l'on sait se mettre soi-même à l'abri
des combats.
Pour l'audace dans le traitement des sources, elle se manifeste évidemment avec le titre : nier la guerre de Troie, au
futur, fait d'emblée problème pour le spectateur, lequel sait,
même sans avoir lu l'*Iliade,* que la guerre de Troie a eu lieu,
comme la Première Guerre mondiale, et qui se demande aussi
en 1935 si une seconde guerre mondiale n'est pas imminente.
La scène 1 entre Cassandre et Andromaque entretient le sus-
pense, avec la reprise du titre négatif au futur par

Andromaque, et le pari contraire de Cassandre ; dès lors, même si l'on est sentimentalement du côté d'Andromaque comme Giraudoux lui-même, on sait bien que la prophétie de Cassandre se réalisera – s'est réalisée. La dernière réplique initiale terminait la pièce sur le futur « Elle aura lieu », avant que ne surgisse la brillante idée de réouverture du rideau pour une nouvelle dernière réplique (voir p. 184).

L'*Iliade* n'est nullement une épopée optimiste de la guerre héroïque : il s'agit plutôt d'un point de vue tragique, parfois ironique, sur l'humanité. Tragédie d'Hector évidemment, dont la mort entraîne l'inéluctable tragédie de Troie, de Priam et de son peuple, l'épopée est aussi la tragédie d'Achille, dont le destin est d'obtenir la gloire épique au prix d'une mort en pleine jeunesse, non racontée mais souvent évoquée par le poète à travers le discours d'Achille lui-même, celui de Thétis et de Zeus et celui du cheval d'Achille au moment de la mort de Patrocle.

Contrairement au proverbe qui veut que traduire et transposer s'apparentent à trahir (*traductor traditor*), Giraudoux a transposé les données traditionnelles en termes modernes, il a donné par son titre provocateur un écho très frappant à sa pièce, mais, comme le personnage d'Hector dans la pièce, il n'a pas trahi.

Vie	Œuvres

1882
Naissance à Bellac d'Hippolyte-Jean Giraudoux le 29 octobre.

1889-1899
Enfance en Limousin, études secondaires à Châteauroux.

1900
Giraudoux bachelier ; khâgne au lycée Lakanal à Sceaux.

1902
Premier prix de version grecque au concours général.
1903
Entrée à l'École normale supérieure.

1905-1906
Bourse à Munich.
1907-1908
Bourse à Harvard, amitié avec Paul Morand.

TABLEAU CHRONOLOGIQUE

ÉVÉNEMENTS CULTURELS ET ARTISTIQUES	ÉVÉNEMENTS HISTORIQUES ET POLITIQUES
1868 Naissance de Paul Claudel. **1869** Naissance d'André Gide. **1871** Naissance de Marcel Proust et de Paul Valéry.	**1871** La défaite française à Sedan entraîne la chute du second Empire. Troubles de la Commune. Troisième République. **1882** L'antagonisme franco-allemand est avivé par l'occupation allemande de l'Alsace-Lorraine.
1889 Naissance de Jean Cocteau. **1896** Création d'*Ubu roi* de Jarry. **1899** *Prométhée mal enchaîné* de Gide.	**1889** Bismarck arme le Reich. **1897** Entente austro-russe.
1901 Naissance d'André Malraux. **1902** Création de *Pelléas et Mélisande* de Debussy. **1903** *Elektra* d'Hofmannsthal, adaptation d'après Sophocle. **1905** Naissance de Jean-Paul Sartre.	**1904** Entente cordiale franco-britannique. **1907** Triple Entente (Grande-Bretagne, France, Russie). **1908** L'Autriche-Hongrie annexe la Bosnie-Herzégovine.

Vie	Œuvres
	1909 Premier recueil de nouvelles, *Les Provinciales*.
1910 Entrée dans la carrière diplomatique.	
	1911 *L'École des indifférents*, second recueil de nouvelles.
1913 Rencontre avec Suzanne Boland- Pineau. **1914** Mobilisation, campagne d'Alsace, campagne de la Marne, première blessure.	**1914** *Simon* commence à paraître dans le journal *L'Opinion* en juillet.
1915 Deuxième blessure dans les Dardanelles. Évacuation vers Paris.	
1917 Départ pour Harvard.	**1917** *Lectures pour une ombre*, carnets de guerre.
	1918 *Simon le Pathétique*, roman. *Amica America*, récit de guerre. *Elpénor*, nouvelles inspirées de l'*Odyssée*.
1919 Naissance de son fils Jean-Pierre.	
1920 Mort de son père.	**1920** *Adorable Clio*, récit de guerre.

ÉVÉNEMENTS CULTURELS ET ARTISTIQUES	ÉVÉNEMENTS HISTORIQUES ET POLITIQUES
1909 *Elektra*, opéra de Richard Strauss. **1910** Naissance de Jean Anouilh. **1912** Giraudoux est à la première de *L'Annonce faite à Marie* de Claudel. **1913** Première ébauche de *À la recherche du temps perdu* de Proust.	 **1912-1913** Guerres balkaniques. **1914** Assassinat à Sarajevo de l'archiduc d'Autriche le 28 juin. Déclaration de guerre le 31 juillet. Victoire de Joffre sur la Marne en août. **1915** Offensives franco-britanniques en Artois et en Champagne. **1916** Les Allemands attaquent à Verdun, les Alliés sur la Somme.
1917 *Les Mamelles de Tirésias* d'Apollinaire. Cocteau et les ballets russes donnent *Parade*, musique d'Erik Satie. **1918-1920** Parution à la *NRF* du début de *À la recherche du temps perdu* (*Du côté de chez Swann*, *À l'ombre des jeunes filles en fleurs*). **1920** *Le Bœuf sur le toit*, farce de Cocteau, musique de Darius Milhaud.	**1917** Chute du ministère Briand. Début de la Révolution russe en mars. **1918** Armistice le 11 novembre. **1919** Traité de Versailles avec l'Allemagne le 28 juin.

Vie	Œuvres
1921 Mariage avec Suzanne Boland ; promotion aux Affaires étrangères.	**1921** *Suzanne et le Pacifique*, roman.
1923 Mission au Maroc.	**1923** Interview défendant les écrivains français de la *NRF*.
1924 Secrétaire d'ambassade à Berlin.	**1924** *Juliette au pays des hommes*, roman.
1925 Rencontre d'Anita de Madero.	
	1926 *Bella*, caricature de Poincaré, publié en janvier.
1927 Rencontre avec Louis Jouvet.	
	1928 Première de *Siegfried* le 2 mai. *Le Sport*, recueil de maximes publié chez Hachette.
	1929 *Amphitryon 38*.
1930 Voyages.	
	1931 *Judith*, pièce.
1932 Chargé de mission au cabinet d'Édouard Herriot.	
	1933 *Intermezzo*.
1934 Conférences, voyages.	
1935 Premières ébauches d'*Électre*.	**1935** Première de *La guerre de Troie n'aura pas lieu*, le 21 novembre.

ÉVÉNEMENTS CULTURELS ET ARTISTIQUES	ÉVÉNEMENTS HISTORIQUES ET POLITIQUES
1921 *Orphée Roi* de Victor Segalen. **1922** Mort de Marcel Proust.	
	1922 Nouveau gouvernement Poincaré en janvier. Mussolini au pouvoir en Italie.
1923 *Thomas l'imposteur* de Cocteau. **1923-1927** Parution posthume à la *NRF* des diverses parties de l'œuvre de Proust.	**1923** Occupation de la Ruhr par la France pour obtenir réparation. Intervention italienne contre Corfou.
	1925 Conférence de Locarno.
1926 *Orphée* de Cocteau.	**1926** L'Allemagne entre à la Société des Nations.
1927 Formation du « Cartel » de metteurs en scène élèves de Jacques Copeau (Dullin, Baty, Pitoëff et Jouvet).	
1929 *Les Enfants terribles* de Cocteau. **1930** *La Voix humaine* de Cocteau. **1931** *Le deuil sied à Électre* d'O'Neill.	**1929** Crise économique mondiale, chômage, faillites.
1933 Le Corbusier présente *La Cité radieuse* à Giraudoux.	**1933** Hitler au pouvoir en Allemagne en janvier. Goebbels chargé du ministère de la Propagande en mars.
1934 *La Machine infernale* de Cocteau.	**1934** Mussolini envahit l'Éthiopie. Congrès de Nuremberg. **1935** Premières entorses des nazis au Traité de Versailles.

VIE	ŒUVRES
1936 Long voyage en Amérique Visite à Jean-Pierre à Oxford, nouveau long voyage.	
	1937 Première d'*Électre* le 20 janvier, de *L'Impromptu de Paris* le 4 décembre. **1938** *Le Cantique des cantiques*, pièce.
1939 Rencontre d'Isabelle Montérou. Nommé commissaire général à l'Information, en juillet.	**1939** Première d'*Ondine*, le 4 mai. Publication du *Choix des élues*. Giraudoux écrit un scénario pour Jouvet d'après *La* *Duchesse de Langeais* de Balzac.
1940 Jean-Pierre mobilisé en juin. Le 19 juin, Jean-Pierre déserte. Giraudoux, à Cusset auprès de sa mère, reçoit un bureau à Vichy. Intérêt pour l'urbanisme.	
1941 Giraudoux est mis à la retraite et rentre à Paris.	**1941** Publication du recueil d'essais *Littérature* en novembre.
	1942 Jouvet crée à Rio *L'Apollon de* *Marsac*.
1943 Rupture avec Isabelle Montérou. Mort de sa mère. **1944** Malaise pendant la première d'*Amphitryon 38*, le 25 janvier. Mort de Giraudoux le 31.	**1943** Première de *Sodome et* *Gomorrhe*. **1944** Première d'une pièce lyrique tirée d'*Amphitryon 38* le 25 janvier. **1945** Parution du tome I du *Théâtre* *complet de Jean Giraudoux*. Création posthume de *La Folle* *de Chaillot* à l'Athénée.

ÉVÉNEMENTS CULTURELS ET ARTISTIQUES	ÉVÉNEMENTS HISTORIQUES ET POLITIQUES
1936 À l'occasion des jeux Olympiques de Berlin, Leni Riefenstahl tourne *Olympia*. **1937** Exposition universelle de Paris (pavillon allemand dû à Albert Speer). **1938** Albert Speer prépare le Nouveau Berlin (nouvelle chancellerie du Reich inaugurée en janvier 1939).	**1936** Victoire du Front populaire, gouvernement Léon Blum em mai-juin. Début de la guerre civile en Espagne le 18 juillet. **1938** Hitler annexe l'Autriche, en mars. En septembre, l'accord de Munich sacrifie la Tchécoslovaquie. **1939** L'Italie annexe l'Albanie en avril. Déclaration de guerre le 2 septembre.
	1940 Démission de Daladier le 20 mars, Paul Reynaud président du Conseil. Le gouvernement quitte Paris en juin, le 17 juin le maréchal Pétain demande l'armistice. 18 juin, appel du général de Gaulle, 29 juin installation du gouvernement à Vichy. **1941** Pearl Harbour oblige les États-Unis à intervenir.
	1942 Bataille de Stalingrad.
	1943 La guerre devient mondiale.
1944 Collaboration de Cocteau avec Robert Bresson pour le film *Les Dames du bois de Boulogne*. **1945** Mort de Paul Valéry.	**1944** Débarquement des Alliés en Normandie le 6 juin.w
	1945 Conférence de Yalta en février. Suicide d'Hitler le 30 avril. Capitulation allemande le 8 mai.

Giraudoux n'a écrit pour le théâtre que relativement tard dans sa carrière officielle, en transformant *Siegfried et le Limousin* en pièce pour Jouvet en 1928, après en avoir proposé le projet dès 1923 à Jacques Copeau : en 1928, il avait quarante-cinq ans et avait déjà publié plusieurs romans et essais. Pourtant, c'est son théâtre qui l'a rendu célèbre dans le monde entier, et en particulier *La guerre de Troie n'aura pas lieu*.

Giraudoux, la passion du théâtre

Son goût pour le théâtre remonte pourtant très loin dans son histoire personnelle : il a écrit sa première pièce, jouée en famille avec ses cousins, à onze ans, a joué ensuite à chaque occasion durant ses années d'études. En 1895, il a écrit, mis en scène et joué plusieurs rôles – dont celui de la rosière – dans *La Rosière des Chamignoux*. Pendant les années de khâgne, d'École normale, à Munich, Berlin et Harvard, il a été un spectateur et acteur assidu et passionné : en 1902 il était à la première de *Pelléas et Mélisande* de Debussy, il a joué, pour la revue annuelle de l'École, dans *Le Passage de Vénus* de Meilhac et Halévy, plus tard il était auprès de Claudel en 1912 pour la première de *L'Annonce faite à Marie*.

La genèse de la pièce commence donc par une ancienne passion pour le théâtre et, avant *La guerre de Troie n'aura pas lieu*, Giraudoux a déjà donné à la scène, outre *Siegfried* en 1928, *Amphitryon 38* en 1929, *Judith*, son moindre succès, en 1931, *Intermezzo* en 1933.

En 1930, au cours d'un voyage en Grèce, Giraudoux visite les théâtres d'Athènes et de Delphes et, dans son « Discours sur le théâtre » en 1931, il écrit : « Malgré les avances que m'ont faites Delphes et Orange et Munich, c'est Châteauroux qui reste ma ville théâtrale. »

À cette passion qui remonte à l'enfance et l'adolescence s'ajoutent une occasion immédiate et des impulsions profondes.

Voyage en Orient

L'occasion de la pièce semble, d'après la biographie, avoir été une longue mission diplomatique au Moyen-Orient (Istanbul, Ankara, Bagdad, Téhéran, Alep, Beyrouth, Jérusalem, Jaffa et l'Égypte), en 1935. Cette mission a peut-être ravivé les souvenirs déjà lointains de la bataille des Dardanelles en 1915. La Préface publiée en 1922 pour *Suzanne et le Pacifique* le laisse penser : « Revenus à terre, nous coupions des oliviers pour consolider nos tranchées. [...] La mer était du marbre le plus ancien, veinée par places de violet ou de vert.[...] Les clairons faisaient l'école de clairons autour du tombeau d'Achille. [...] Chacun de nous était caressé par un rayon qui avait la longueur exacte de celui qui caressait Hélène. Nous étions au degré le plus doux du plus divin des thermomètres. Nous avions l'impression de nous servir du fard, de la poudre de riz d'Hélène[1]. »

C'est en tout cas au retour de cette mission qu'il signe un contrat avec le titre provisoire d'*Hélène*, titre qui peut être interprété comme un signe de la médiation de l'opérette (*La Belle Hélène* et *Le Passage de Vénus* des mêmes Meilhac et Halévy), d'un ton plus léger que l'*Iliade*. Il faut peut-être rappeler aussi que Marivaux est l'auteur d'un *Homère travesti* très drôle, que Giraudoux a probablement connu.

Giraudoux et Hector

Mais, plus profondément, l'origine de la pièce est à chercher d'abord dans l'expérience de la guerre et du front – Giraudoux fut sergent en 1914-1915 –, de ses traumatismes personnels, les deux blessures reçues en France en 1914, dans la bataille des Dardanelles en 1915, et collectifs ; dans l'expérience du diplomate ensuite : proche de Berthelot et de Briand, grand connaisseur de la culture et de la mentalité allemande, Giraudoux était personnellement déchiré par le conflit franco-

---

1. Tome I de l'édition de la Pléiade, notes et variantes, p. 1590. Passage cité par J. Body, extrait de *Jean Giraudoux, la légende et le secret*, p. 120-121.

allemand. Le thème de *Siegfried*, roman puis pièce de théâtre, le montre bien : il s'agit d'un soldat amnésique mi-français, mi-allemand. Giraudoux était secrétaire d'ambassade à Berlin en 1924, quand il a commencé à rédiger son pamplet contre Poincaré, *Bella*.

Dans les années 20-30, Jean Giraudoux a de nombreux traits en commun avec le personnage d'Hector dans la pièce : ses amours avec Suzanne Boland-Pineau ont été contrariées par la guerre, leur fils Jean-Pierre est né en décembre 1919 alors que le traité de Versailles a été signé le 28 juin, quand Suzanne était enceinte. Les allusions de la pièce aux « armées unijambistes » (acte I, scène 3), aux chants de guerre, aux monuments aux morts et aux discours d'inauguration sont chez Giraudoux très loin de la préciosité que l'on y voit souvent, oubliant cette expérience directe.

Hector est prêt dans la pièce à toutes les concessions, y compris le mensonge officiel sur les amours d'Hélène et Pâris, pour sauver la paix : c'est à Giraudoux-diplomate que l'on pense ici, qui a participé à la préparation de la conférence internationale de Locarno en 1925, même s'il n'y était pas présent physiquement, et qui, comme chargé de mission au cabinet du ministre Édouard Herriot, a accompagné celui-ci à la conférence internationale de Lausanne en juin-juillet 1932 : la « terrasse au bord d'un lac » sur laquelle les chefs d'État décident tranquillement du sort de leurs peuples en buvant du vin clairet (acte II, scène 13) a aussi un accent personnel. Pour les adversaires nationalistes d'Hector, on a souvent évoqué les sources réelles possibles et rapproché Demokos de Déroulède, le chantre de la revanche mort en 1914, et de Charles Maurras, fondateur de l'Action française.

L'*Iliade* a fait d'un petit conflit entre voisins pour l'enlèvement d'une femme – très belle, mais humaine – une guerre épique. Hector dit déjà dans l'*Iliade* qu'il accepte la mort « pour rester dans la mémoire des hommes » : la trouvaille de Giraudoux a été de transposer son expérience personnelle de la guerre et de la diplomatie en renvoyant à Homère et à tous les poètes qui depuis ont évoqué « Hélène de Troie ».

La guerre des tranchées (1914-1918), avant l'attaque.

Hécube, Les Troyennes, Andromaque :
les textes sous les textes

Nous avons évoqué précédemment la relecture vivifiante de l'*Iliade* par Giraudoux ainsi que celle des textes latins qui l'ont fait connaître à l'époque médiévale. Pour une réflexion sur la genèse de la pièce, impliquant une forme plus dramatisée – même si l'*Iliade* comporte déjà des éléments de tragédie –, il faut évoquer plus précisément le cycle troyen d'Euripide (*Hécube*, *Les Troyennes*, *Andromaque*) auquel Giraudoux doit beaucoup pour les personnages d'Hécube, d'Andromaque et surtout de la petite Polyxène. La particularité d'Euripide dans ses tragédies troyennes est en effet la compassion qu'il montre envers les vaincus, au point qu'un spectateur non prévenu pourrait croire qu'il est troyen et non grec d'Athènes. Il faut mentionner, bien sûr aussi, même si aucune allusion précise n'y est faite, l'*Andromaque* de Racine, à laquelle Giraudoux a consacré de nombreuses pages dans ses essais.

Les *Sonnets* de Ronsard sont évoqués à plusieurs reprises, très directement dans la parodie (acte II, scène 8) où la « vieille accroupie » de Ronsard est détaillée en « vieillie, avachie, édentée, suçotant accroupie quelque confiture dans la cuisine », mais on pense aussi au beau sonnet inspiré à Ronsard par la scène d'Hélène sur le rempart au chant III de l'*Iliade* : « Il ne faut s'ébahir, disaient ces bons vieillards / En la voyant passer... », pour les scènes 5 et 6 de l'acte I.

Le personnage de Troïlus vient peut-être du texte de Dictys de Crète, connu seulement en latin[1], mais plus sûrement de la pièce de Shakespeare, *Troïlus et Cressida* (1602 ?). Il n'est pas sûr que Giraudoux ait assisté à la représentation qui en fut donnée à Paris en 1934, mais il connaissait très bien l'œuvre de Shakespeare.

Certains passages de la pièce évoquent le style de La Fontaine : nous signalons en note la fable *Les deux coqs* (acte I, scène 6)

---

1. On le trouve désormais en traduction française facile à consulter dans les *Récits inédits sur la guerre de Troie*, Paris, les Belles Lettres, 1998.

ou d'autres passages où la densité stylistique de La Fontaine semble imitée ; or l'affinité stylistique particulière de Giraudoux avec le fabuliste est confirmée par le fait qu'il donnera en janvier 1936 une série de conférences intitulées « Les Cinq tentations de La Fontaine » (publiées en recueil chez Grasset en 1938). Il y fait allusion à l'invention, au lycée de Châteauroux en classe de quatrième, d'une parenté imaginaire avec le fabuliste, qui passa, dit-on, une nuit à Bellac, et serait tombé amoureux (!) de son arrière-grand-mère.

De *La Belle Hélène* d'Offenbach, livret de Meilhac et Halévy (1864), vient la fantaisie de la pièce, qui enlève au sujet la gravité pesante qu'il pourrait avoir dans le contexte historique. On sait encore que peu de temps avant d'écrire sa pièce, Giraudoux avait relu *Guerre et paix* de Tolstoï, roman qui, comme *Troïlus et Cressida,* combine une intrigue guerrière et une intrigue sentimentale ; Catherine Poisson fait remarquer qu'il ne peut s'agir d'emprunts directs, mais qu'il existe entre le roman russe et la pièce une « parenté dans le traitement de la guerre : les événements échappent au contrôle des hommes, qui ne sont que les pions de l'histoire. »

La liste des textes qui ont inspiré Giraudoux est loin d'être close : « L'index de *Palimpsestes* a le mérite de faire apparaître Giraudoux comme le champion de la "littérature au second degré" – éternel premier décidément. » (J. Body, *Jean Giraudoux, la légende et le secret*, 1986, p.70-71).

Certains détails de la pièce ont une origine personnelle d'ordre anecdotique, remontant à des souvenirs d'enfance (les oiseaux torturés évoqués à l'acte II, scène 7), à ses passe-temps qu'il prête à Pâris, comme la pêche et le jeu de boules (acte II, scène 8), et ses sports favoris comme la boxe (acte II, scène 11).

L'origine profonde de *La guerre de Troie n'aura pas lieu* est avant tout dans l'immense culture de Giraudoux, qui lui fait voir les Français et les Allemands de son temps sous les traits des héros d'Homère ou de la Troie d'Euripide et de Racine, avec le sourire de Ronsard, de La Fontaine et de l'opérette.

Jean Giraudoux (1882-1944).

La guerre de Troie n'aura pas lieu

GIRAUDOUX

pièce en deux actes

Représentée pour la première fois
le 21 novembre 1935

Personnages[1]

ANDROMAQUE.
HÉLÈNE.
HÉCUBE.
CASSANDRE.
LA PAIX.
IRIS.
SERVANTES ET TROYENNES.
LA PETITE POLYXÈNE.
HECTOR.
ULYSSE.
DEMOKOS.
PRIAM.
PÂRIS.
OIAX.
LE GABIER[2].
LE GÉOMÈTRE.
ABNÉOS.
TROÏLUS.
OLPIDÈS.
VIEILLARDS.
MESSAGERS.

Musique de scène composée pour la pièce par Maurice Jaubert.

1. Le personnage de Busiris ne figure pas dans cette liste, l'acteur qui devait l'interpréter ayant dû interrompre les répétitions pour cause de maladie. Le rôle, quoique écrit, ne fut créé que lors de la reprise de la pièce en 1937.
2. **Gabier** : matelot chargé des manœuvres des voiles (terme datant de 1678).

ACTE PREMIER

Terrasse d'un rempart dominé par une terrasse et dominant d'autres remparts.

SCÈNE PREMIÈRE. ANDROMAQUE, CASSANDRE.

ANDROMAQUE. La guerre de Troie n'aura pas lieu, Cassandre[1] !

CASSANDRE. Je te tiens un pari, Andromaque.

ANDROMAQUE. Cet envoyé des Grecs a raison. On va bien
5 le recevoir. On va bien lui envelopper sa petite Hélène, et on la lui rendra.

CASSANDRE. On va le recevoir grossièrement. On ne lui rendra pas Hélène. Et la guerre de Troie aura lieu.

ANDROMAQUE. Oui, si Hector n'était pas là !... Mais il
10 arrive, Cassandre, il arrive ! Tu entends assez ses trompettes... En cette minute, il entre dans la ville, victorieux. Je pense qu'il aura son mot à dire. Quand il est parti, voilà trois mois, il m'a juré que cette guerre était la dernière[2].

CASSANDRE. C'était la dernière. La suivante l'attend.

---

1. **Cassandre** : la fille de Priam et Hécube, suivant la légende du cycle troyen, avait le don de prophétie, mais personne ne voulait la croire. Dans les légendes postérieures à l'*Iliade*, elle a fait partie du butin de guerre d'Agamemnon et dans l'*Orestie* d'Eschyle, elle est tuée dans la piscine avec le roi par Clytemnestre et Égisthe, après des visions prophétiques.
2. **La dernière** : la Première Guerre mondiale a souvent été appelée « la der des ders ».

15 ANDROMAQUE. Cela ne te fatigue pas de ne voir et de ne prévoir que l'effroyable[1] ?

CASSANDRE. Je ne vois rien, Andromaque. Je ne prévois rien. Je tiens seulement compte de deux bêtises, celle des hommes et celle des éléments.

20 ANDROMAQUE. Pourquoi la guerre aurait-elle lieu ? Pâris ne tient plus à Hélène. Hélène ne tient plus à Pâris.

CASSANDRE. Il s'agit bien d'eux.

ANDROMAQUE. Il s'agit de quoi ?

CASSANDRE. Pâris ne tient plus à Hélène ! Hélène ne tient
25 plus à Pâris ! Tu as vu le destin s'intéresser à des phrases négatives ?

ANDROMAQUE. Je ne sais pas ce qu'est le destin.

CASSANDRE. Je vais te le dire. C'est simplement la forme accélérée du temps[2]. C'est épouvantable.

30 ANDROMAQUE. Je ne comprends pas les abstractions[3].

CASSANDRE. À ton aise. Ayons recours aux métaphores. Figure-toi un tigre. Tu la comprends, celle-là ? C'est la métaphore pour jeunes filles. Un tigre qui dort ?

ANDROMAQUE. Laisse-le dormir.

35 CASSANDRE. Je ne demande pas mieux. Mais ce sont les affirmations qui l'arrachent à son sommeil. Depuis quelque temps, Troie en est pleine.

ANDROMAQUE. Pleine de quoi ?

---

1. **Ne prévoir que l'effroyable** : le pessimisme de Cassandre est légendaire, et son nom est devenu un nom commun dans une expression banale.
2. Incarnée par le chœur des Petites Euménides dans *Électre*.
3. **Abstractions, métaphores** : Giraudoux est virtuose en rhétorique.

CASSANDRE. De ces phrases qui affirment que le monde et
40 la direction du monde appartiennent aux hommes en général,
et aux Troyens ou Troyennes en particulier...

ANDROMAQUE. Je ne te comprends pas.

CASSANDRE. Hector en cette heure rentre dans Troie ?

ANDROMAQUE. Oui. Hector en cette heure revient à sa
45 femme.

CASSANDRE. Cette femme d'Hector va avoir un enfant[1] ?

ANDROMAQUE. Oui, je vais avoir un enfant.

CASSANDRE. Ce ne sont pas des affirmations, tout cela ?

ANDROMAQUE. Ne me fais pas peur, Cassandre.

50 UNE JEUNE SERVANTE, *qui passe avec du linge*[2]. Quel beau
jour, maîtresse !

CASSANDRE. Ah ! oui ? Tu trouves ?

LA JEUNE SERVANTE, *qui sort*. Troie touche aujourd'hui son
plus beau jour de printemps.

55 CASSANDRE. Jusqu'au lavoir qui affirme !

ANDROMAQUE. Oh ! justement, Cassandre ! Comment
peux-tu parler de guerre en un jour pareil ? Le bonheur
tombe sur le monde !

CASSANDRE. Une vraie neige.

60 ANDROMAQUE. La beauté aussi. Vois ce soleil. Il s'amasse
plus de nacre sur les faubourgs de Troie qu'au fond des mers.

---

1. **Un enfant** : allusion à Astyanax, fils d'Andromaque dans la pièce d'Euripide
et dans celle de Racine.
2. **Avec du linge** : les lavoirs de Troie, à l'extérieur de la ville, sont évoqués
dans l'*Iliade* parmi les souvenirs nostalgiques du temps de paix.

La rencontre d'Hector et d'Andromaque sur le rempart.
Amphore attique (détail) du Vᵉ siècle av. J.-C. Rome.

De toute maison de pêcheur, de tout arbre sort le murmure des coquillages. Si jamais il y a eu une chance de voir les hommes trouver un moyen pour vivre en paix, c'est aujour-
65 d'hui... Et pour qu'ils soient modestes... Et pour qu'ils soient immortels...

CASSANDRE. Oui les paralytiques[1] qu'on a traînés devant les portes se sentent immortels.

ANDROMAQUE. Et pour qu'ils soient bons !... Vois ce cava-
70 lier de l'avant-garde se baisser sur l'étrier pour caresser un chat dans ce créneau... Nous sommes peut-être aussi au premier jour de l'entente entre l'homme et les bêtes.

CASSANDRE. Tu parles trop. Le destin s'agite, Andromaque !

75 ANDROMAQUE. Il s'agite dans les filles qui n'ont pas de mari. Je ne te crois pas.

CASSANDRE. Tu as tort. Ah ! Hector rentre dans la gloire chez sa femme adorée !... Il ouvre un œil... Ah ! Les hémiplégiques[2] se croient immortels sur leurs petits bancs !... Il
80 s'étire... Ah ! Il est aujourd'hui une chance pour que la paix s'installe sur le monde !... Il se pourlèche... Et Andromaque va avoir un fils ! Et les cuirassiers[3] se baissent maintenant sur l'étrier pour caresser les matous dans les créneaux !... Il se met en marche !

85 ANDROMAQUE. Tais-toi !

CASSANDRE. Et il monte sans bruit les escaliers du palais. Il pousse du mufle[4] les portes... Le voilà... Le voilà...

---

1. **Les paralytiques** : allusion aux blessés de guerre, comme il y en avait dans la France de 1935... Voir note 2 et, dans *Électre,* l'allusion aux « hémiplégiques ».
2. **Hémiplégiques** : paralysés d'une moitié du corps.
3. **Cuirassiers** : soldats de cavalerie, porteurs d'une cuirasse.
4. **Du mufle** : le bout du museau. Cassandre file la métaphore animale inaugurée avec le tigre ligne 33, et poursuivie avec « se pourlèche », ligne 81.

LA VOIX D'HECTOR. Andromaque !

ANDROMAQUE. Tu mens !... C'est Hector[1] !

90 CASSANDRE. Qui t'a dit autre chose ?

SCÈNE 2. ANDROMAQUE, CASSANDRE, HECTOR.

ANDROMAQUE. Hector !

HECTOR. Andromaque !... *Ils s'étreignent.* À toi aussi bonjour, Cassandre ! Appelle-moi Pâris, veux-tu. Le plus vite possible. *Cassandre s'attarde.* Tu as quelque chose à me
5 dire ?

ANDROMAQUE. Ne l'écoute pas !... Quelque catastrophe !

HECTOR. Parle !

CASSANDRE. Ta femme porte un enfant.

---

1. **C'est Hector** : l'emploi du pronom *il* dans les répliques précédentes a permis le quiproquo Hector / destin.

REPÈRES

• Quelle est la situation, et comment est-elle exposée ? L'action est-elle déjà engagée ?

• Quels éléments de décor apparaissent dans la didascalie ? Dégagez le rapport avec le titre de la pièce. Quelle intention peut être décelée dans la répétition des termes ?

• Qui sont Andromaque et Cassandre ? Quelle vision particulière du drame introduit le choix de ces personnages pour ouvrir la pièce ?

OBSERVATION

• Relevez les éléments d'exposition (lieu, temps, action).

• Quelle expression est répétée dans la scène 1 ? Quel rythme lui imprime-t-elle ?

• Apollon avait limité le don de prophétie de Cassandre en la condamnant à n'être jamais crue. Que prophétise-t-elle ici ? Observez, dans les scènes 1 et 2, les réactions d'Andromaque aux paroles de Cassandre, en étudiant la progression.

• **La guerre**

– Distinguez, dans les huit premières répliques, le rappel de la légende et l'allusion à des faits contemporains de la représentation (1935).

– Quelle cause éternelle Cassandre attribue-t-elle à la guerre ?

• Le destin : Cassandre donne deux définitions du destin. Lesquelles ? À quelle métaphore a-t-elle recours, et pourquoi ? Observez comment cette métaphore est filée tout au long de la scène 1. Pourquoi peut-elle s'appliquer à Hector dans les répliques finales ?

• Deux femmes : analysez le caractère de chacune d'entre elles. Quel ton emploie Cassandre ? Quels sentiments Andromaque exprime-t-elle, et comment sa sensibilité à la nature se révèle-t-elle ? Comment se manifeste l'opposition psychologique entre Cassandre et Andromaque ?

• Relevez les aphorismes, les traits d'ironie, les jeux de mots ; quelle est la tonalité de la scène 1 ?

• Observez les anachronismes, le ton moqueur pour parler de faits légendaires : quel est leur intérêt ?

• Scène 2 : comment Hector s'adresse-t-il à Andromaque ? Et à Cassandre ? Quels sentiments manifeste-t-il ainsi ?

Interprétations

• Le rideau se lève sur l'affirmation d'Andromaque, qui est aussi le titre de la pièce, aussitôt contredite par Cassandre. Que pensez-vous de ce début ?

• Montrez comment, à travers les personnages, ce sont deux conceptions du monde qui s'opposent.

• De l'origine de la guerre de Troie, Giraudoux ne donne que des données incomplètes : que suppose-t-il de la part du spectateur ? De quelle manière l'auteur prend-il ses distances par rapport aux données mythiques ?

• Cassandre est, dans le mythe, une prophétesse fatale ; pourquoi Giraudoux lui fait-il annoncer la naissance de l'enfant d'Hector ?

SCÈNE 3. ANDROMAQUE, HECTOR.

Il l'a prise dans ses bras, l'a amenée au banc de pierre,
s'est assis près d'elle. Court silence.

HECTOR. Ce sera un fils, une fille ?

ANDROMAQUE. Qu'as-tu voulu créer en l'appelant[1] ?

HECTOR. Mille garçons... Mille filles...

ANDROMAQUE. Pourquoi ? Tu croyais étreindre mille
5 femmes ?... Tu vas être déçu. Ce sera un fils, un seul fils.

HECTOR. Il y a toutes les chances pour qu'il en soit un...
Après les guerres, il naît plus de garçons que de filles[2].

ANDROMAQUE. Et avant les guerres ?

HECTOR. Laissons les guerres, et laissons la guerre... Elle
10 vient de finir. Elle t'a pris un père, un frère, mais ramené un
mari[3].

ANDROMAQUE. Elle est trop bonne. Elle se rattrapera[4].

HECTOR. Calme-toi. Nous ne lui laisserons plus l'occasion.
Tout à l'heure, en te quittant, je vais solennellement, sur la
15 place, fermer les portes de la guerre[5]. Elles ne s'ouvriront
plus.

---

1. **En l'appelant :** en le souhaitant, en le désirant (cf. *appeler de ses vœux*).
2. **Que de filles :** l'opinion publique voyait dans l'accroissement proverbial des naissances de garçons un signe destiné à compenser les morts de la guerre.
3. **Un mari :** allusion à un passage de l'*Iliade* (VI) dans lequel Andromaque dit à Hector : « Tu es pour moi un père, une mère et un frère en même temps qu'un époux. » Dans le contexte, l'Andromaque homérique rappelle qu'Achille a tué son père et ses sept frères en un seul jour.
4. **Elle se rattrapera :** Andromaque était optimiste face à Cassandre. Devant Hector, elle semble avoir été gagnée par l'ironie désespérée de sa belle-sœur.
5. **Fermer les portes de la guerre :** allusion au rituel (romain et non pas grec...) du temple de Janus dont on fermait les portes symboliquement en temps de paix.

ANDROMAQUE. Ferme-les. Mais elles s'ouvriront.

HECTOR. Tu peux même nous dire le jour !

ANDROMAQUE. Le jour où les blés seront dorés et pesants,
20 la vigne surchargée, les demeures pleines de couples.

HECTOR. Et la paix à son comble, sans doute ?

ANDROMAQUE. Oui. Et mon fils robuste et éclatant.

Hector l'embrasse.

HECTOR. Ton fils peut être lâche. C'est une sauvegarde.

25 ANDROMAQUE. Il ne sera pas lâche. Mais je lui aurai coupé
l'index de la main droite[1].

HECTOR. Si toutes les mères coupent l'index droit de leur
fils, les armées de l'univers se feront la guerre sans index...
Et si elles lui coupent la jambe droite, les armées seront uni-
30 jambistes... Et si elles lui crèvent les yeux, les armées seront
aveugles, mais il y aura des armées, et dans la mêlée elles se
chercheront le défaut de l'aine, ou la gorge, à tâtons...

ANDROMAQUE. Je le tuerai plutôt.

HECTOR. Voilà la vraie solution maternelle des guerres.

35 ANDROMAQUE. Ne ris pas. Je peux encore le tuer avant sa
naissance.

HECTOR. Tu ne veux pas le voir une minute, juste une
minute ? Après, tu réfléchiras... Voir ton fils ?

ANDROMAQUE. Le tien seul m'intéresse. C'est parce qu'il est
40 de toi, c'est parce qu'il est toi que j'ai peur. Tu ne peux

---

1. **Mais ... droite** : renvoi anachronique à l'actualité. L'index droit coupé était
une cause de réforme, et pendant la Première Guerre mondiale on a vu des
mutilations volontaires.

t'imaginer combien il te ressemble. Dans ce néant où il est encore, il a déjà apporté tout ce que tu as mis dans notre vie courante. Il y a tes tendresses, tes silences. Si tu aimes la guerre, il l'aimera... Aimes-tu la guerre ?

45 HECTOR. Pourquoi cette question ?

ANDROMAQUE. Avoue que certains jours tu l'aimes.

HECTOR. Si l'on aime ce qui vous délivre de l'espoir, du bonheur, des êtres les plus chers[1]...

ANDROMAQUE. Tu ne crois pas si bien dire... On l'aime.

50 HECTOR. Si l'on se laisse séduire par cette petite délégation que les dieux vous donnent à l'instant du combat...

ANDROMAQUE. Ah ? Tu te sens un dieu, à l'instant du combat ?

HECTOR. Très souvent moins qu'un homme... Mais parfois,
55 à certains matins, on se relève du sol allégé, étonné, mué. Le corps, les armes ont un autre poids, sont d'un autre alliage[2]. On est invulnérable. Une tendresse vous envahit, vous submerge, la variété de tendresse des batailles : on est tendre parce qu'on est impitoyable ; ce doit être en effet la tendresse
60 des dieux. On avance vers l'ennemi lentement, presque distraitement, mais tendrement. Et l'on évite aussi d'écraser le scarabée. Et l'on chasse le moustique sans l'abattre. Jamais l'homme n'a plus respecté la vie sur son passage...

ANDROMAQUE. Puis l'adversaire arrive ?...

65 HECTOR. Puis l'adversaire arrive, écumant, terrible. On a pitié de lui, on voit en lui, derrière sa bave et ses yeux blancs,

---

1. **Des êtres les plus chers** : paradoxe ironique et rythme ternaire.
2. **Alliage** : la métaphore semble renvoyer au mythe hésiodique des races (or, argent, bronze, et finalement fer) en même temps qu'à la transformation de la guerre avec le XXe siècle et les tanks.

toute l'impuissance et tout le dévouement du pauvre fonctionnaire humain[1] qu'il est, du pauvre mari et gendre, du pauvre cousin germain, du pauvre amateur de raki[2] et
70 d'olives qu'il est. On a de l'amour pour lui. On aime sa verrue sur sa joue, sa taie[3] dans son œil. On l'aime... Mais il insiste... Alors on le tue.

ANDROMAQUE. Et l'on se penche en dieu sur ce pauvre corps ; mais on n'est pas dieu, on ne rend pas la vie.

75 HECTOR. On ne se penche pas. D'autres vous attendent. D'autres avec leur écume et leurs regards de haine. D'autres pleins de famille, d'olives, de paix.

ANDROMAQUE. Alors on les tue ?

HECTOR. On les tue. C'est la guerre.

80 ANDROMAQUE. Tous, on les tue ?

HECTOR. Cette fois nous les avons tués tous. À dessein. Parce que leur peuple était vraiment la race de la guerre, parce que c'est par lui que la guerre subsistait et se propageait en Asie. Un seul a échappé.

85 ANDROMAQUE. Dans mille ans, tous les hommes seront les fils de celui-là. Sauvetage inutile d'ailleurs... Mon fils aimera la guerre, car tu l'aimes.

HECTOR. Je crois plutôt que je la hais... Puisque je ne l'aime plus.

90 ANDROMAQUE. Comment arrive-t-on à ne plus aimer ce que l'on adorait ? Raconte. Cela m'intéresse.

---

1. **Du pauvre fonctionnaire humain** : l'ironie envers les bureaucrates est fréquente chez Giraudoux, voir par exemple *Électre*, acte I, scène 2.
2. **Raki** : alcool fort, aromatisé à l'anis, dans les pays du Proche-Orient (Turquie et pays voisins, aussi sous le nom d'*arak*).
3. **Taie** : tache blanche sur la cornée.

HECTOR. Tu sais, quand on a découvert qu'un ami est menteur ? De lui tout sonne faux, alors, même ses vérités... Cela semble étrange à dire, mais la guerre m'avait promis la bonté,
95 la générosité, le mépris des bassesses. Je croyais lui devoir mon ardeur et mon goût à vivre, et toi-même... Et jusqu'à cette dernière campagne, pas un ennemi que je n'aie aimé...

ANDROMAQUE. Tu viens de le dire : on ne tue bien que ce qu'on aime[1].

100 HECTOR. Et tu ne peux savoir comme la gamme de la guerre était accordée[2] pour me faire croire à sa noblesse. Le galop nocturne des chevaux, le bruit de vaisselle à la fois et de soie que fait le régiment d'hoplites[3], se frottant contre votre tente, le cri du faucon au-dessus de la compagnie étendue et aux
105 aguets, tout avait sonné jusque-là si juste, si merveilleusement juste...

ANDROMAQUE. Et la guerre a sonné faux, cette fois ?

HECTOR. Pour quelle raison ? Est-ce l'âge ? Est-ce simplement cette fatigue du métier dont parfois l'ébéniste sur son
110 pied de table[4] se trouve tout à coup saisi, qui un matin m'a accablé, au moment où, penché sur un adversaire de mon âge, j'allais l'achever ? Auparavant ceux que j'allais tuer me semblaient le contraire de moi-même. Cette fois j'étais

---

1. **On ne tue bien que ce qu'on aime** : maxime paradoxale à laquelle le rythme d'octosyllabe et l'impersonnel donnent une allure proverbiale. Sa source est probablement le proverbe « Qui aime bien châtie bien », venu du latin de l'éducation médiévale.

2. **Accordée** : métaphore musicale filée dans tout le passage.

3. **Hoplites** : fantassins armés lourdement, mot emprunté au grec, mais renvoyant à l'époque classique plutôt qu'à celle de la guerre de Troie et d'Homère.

4. **L'ébéniste sur son pied de table** : image artisanale peut-être inspirée par certaines comparaisons homériques (en particulier Il. XVIII, 600-601, où des danseurs qui tournent sont comparés à un potier qui tourne un pot).

agenouillé sur un miroir[1]. Cette mort que j'allais donner,
115 c'était un petit suicide. Je ne sais ce que fait l'ébéniste dans
ce cas, s'il jette sa varlope, son vernis, ou s'il continue... J'ai
continué. Mais de cette minute, rien n'est demeuré de la résonance parfaite. La lance qui a glissé contre mon bouclier a
soudain sonné faux, et le choc du tué contre la terre, et,
120 quelques heures plus tard, l'écroulement des palais. Et la
guerre d'ailleurs a vu que j'avais compris. Et elle ne se gênait
plus... Les cris des mourants sonnaient faux... J'en suis là.

ANDROMAQUE. Tout sonnait juste pour les autres.

HECTOR. Les autres sont comme moi. L'armée que j'ai
125 ramenée hait la guerre.

ANDROMAQUE. C'est une armée à mauvaises oreilles.

HECTOR. Non. Tu ne saurais t'imaginer combien soudain
tout a sonné juste pour elle, voilà une heure, à la vue de
Troie. Pas un régiment qui ne se soit arrêté d'angoisse à ce
130 concert. Au point que nous n'avons osé entrer durement par
les portes, nous nous sommes répandus en groupe autour des
murs... C'est la seule tâche digne d'une vraie armée : faire le
siège paisible de sa patrie ouverte.

ANDROMAQUE. Et tu n'as pas compris que c'était là la pire
135 fausseté ! La guerre est dans Troie, Hector ! C'est elle qui
vous a reçus aux portes. C'est elle qui me donne à toi ainsi
désemparée, et non l'amour.

HECTOR. Que racontes-tu là ?

ANDROMAQUE. Ne sais-tu donc pas que Pâris a enlevé
140 Hélène ?

HECTOR. On vient de me le dire... Et après ?

---

1. miroir : allusion au mythe de Narcisse amoureux de son image regardée
dans le miroir de l'eau dans laquelle il se noie (Ovide, *Métamorphoses*, III, 7).

ANDROMAQUE. Et que les Grecs la réclament ? Et que leur envoyé arrive aujourd'hui ? Et que si on ne la rend pas, c'est la guerre ?

145 HECTOR. Pourquoi ne la rendrait-on pas ? Je la rendrai moi-même.

ANDROMAQUE. Pâris n'y consentira jamais.

HECTOR. Pâris m'aura cédé dans quelques minutes. Cassandre me l'amène.

150 ANDROMAQUE. Il ne peut te céder. Sa gloire[1], comme vous dites, l'oblige à ne pas céder. Son amour aussi, comme il dit, peut-être.

HECTOR. C'est ce que nous allons voir. Cours demander à Priam s'il peut m'entendre à l'instant, et rassure-toi. Tous 155 ceux des Troyens qui ont fait et peuvent faire la guerre ne veulent pas la guerre[2].

ANDROMAQUE. Il reste tous les autres.

CASSANDRE. Voilà Pâris.

Andromaque disparaît.

---

1. **Gloire** : l'emploi cornélien du mot entraîne l'ironie d'Andromaque : « comme vous dites ».
2. Depuis 1914, on opposait ainsi constamment les combattants qui font la guerre et ne la veulent pas à ceux de « l'arrière » qui la provoquent mais n'en souffrent pas.

REPÈRES

• Quel épisode homérique rappelle cette scène entre Hector et Andromaque ? En quoi la situation est-elle différente ?

• La didascalie initiale est longue et précise : quelles indications donne-t-elle ? Sont-elles importantes pour créer une atmosphère au début de la scène ?

• Comment cette scène se rattache-t-elle aux deux scènes précédentes ? Quelle position Andromaque soutient-elle maintenant sur la guerre ? À quoi attribuez-vous ce changement ?

OBSERVATION

• Précisez le thème principal de la scène. Comment est-il rattaché à celui de la naissance ?

• Par quels mots Andromaque provoque-t-elle les confidences d'Hector ? Relevez les effets de paradoxe.

• Relevez et appréciez les mouvements contradictoires dans le discours d'Hector.

• Étudiez les images employées pour représenter la guerre et les ennemis.

• La réaction d'Hector est-elle personnelle ? Par quel tableau représente-t-il l'attitude de ses compagnons ?

• Hector semble ému par l'annonce de l'enlèvement d'Hélène. Quelles indications l'auteur donne-t-il sur la possibilité d'un conflit ? Comment Hector réagit-il à l'inquiétude d'Andromaque ?

• Précisez le ton de la conversation entre les deux époux. Analysez le mélange de gravité et de légèreté.

INTERPRÉTATIONS

• Quelle image Hector offre-t-il de lui-même dans cette scène ? Est-elle surprenante pour le spectateur ? La figure du héros vous paraît-elle grandie ou dévalorisée ?

• Comment se manifeste le pessimisme de Giraudoux à travers les propos de chaque personnage ?

• Expliquez la phrase d'Hector : « C'est la seule tâche digne d'une vraie armée : faire le siège paisible de sa patrie ouverte. » (l. 132-133). Peut-on considérer cette formule comme une profession de foi pacifiste ?

SCÈNE 4. CASSANDRE, HECTOR, PÂRIS.

HECTOR. Félicitations, Pâris. Tu as bien occupé notre absence.

PÂRIS. Pas mal. Merci.

HECTOR. Alors ? Quelle est cette histoire d'Hélène[1] ?

5 PÂRIS. Hélène est une très gentille personne. N'est-ce pas Cassandre ?

CASSANDRE. Assez gentille.

PÂRIS. Pourquoi ces réserves, aujourd'hui ? Hier encore tu disais que tu la trouvais très jolie.

10 CASSANDRE. Elle est très jolie, mais assez gentille[2].

PÂRIS. Elle n'a pas l'air d'une gentille petite gazelle[3] ?

CASSANDRE. Non.

PÂRIS. C'est toi-même qui m'as dit qu'elle avait l'air d'une gazelle !

15 CASSANDRE. Je m'étais trompée. J'ai revu une gazelle depuis.

HECTOR. Vous m'ennuyez avec vos gazelles ! Elle ressemble si peu à une femme que cela ?

PÂRIS. Oh ! Ce n'est pas le type de femme d'ici, évidemment.

---

1. **Histoire d'Hélène** : jeu de mots sur le mot *histoire*, cf. dans *Électre* les « femmes à histoire » (acte I, sc. 2) et l'« histoire ancienne » (acte II, sc. 3).
2. **Assez gentille** : apprécier l'art du sous-entendu dans l'utilisation des « échelles argumentatives » (terme emprunté au linguiste O. Ducrot).
3. **Gazelle** : la tradition poétique arabe et orientale assimile constamment la femme à une gazelle. Cet emploi fait de Pâris un Oriental, c'est-à-dire un Barbare pour les Grecs, cf. par la suite l'opposition entre « ta Grecque » et les femmes « d'ici », les « femmes asiatiques ».

20 CASSANDRE. Quel est le type de femme d'ici ?

PÂRIS. Le tien, chère sœur. Un type effroyablement peu distant.

CASSANDRE. Ta Grecque est distante en amour ?

PÂRIS. Écoute parler nos vierges !... Tu sais parfaitement ce
25 que je veux dire. J'ai assez des femmes asiatiques. Leurs étreintes sont de la glu, leurs baisers des effractions, leurs paroles de la déglutition. À mesure qu'elles se déshabillent, elles ont l'air de revêtir un vêtement plus chamarré que tous les autres, la nudité, et aussi, avec leurs fards [1], de vouloir se
30 décalquer sur nous. Et elles se décalquent. Bref, on est terriblement avec elles... Même au milieu de mes bras, Hélène est loin de moi.

HECTOR. Très intéressant ! Mais tu crois que cela vaut une guerre, de permettre à Pâris de faire l'amour à distance [2] ?

35 CASSANDRE. Avec distance... Il aime les femmes distantes, mais de près.

PÂRIS. L'absence d'Hélène dans sa présence [3] vaut tout.

HECTOR. Comment l'as-tu enlevée ? Consentement ou contrainte ?

40 PÂRIS. Voyons, Hector ! Tu connais les femmes aussi bien

---

1. **Fards** : à partir des guerres médiques s'est formée en Grèce une image stéréotypée du Barbare oriental dont *Les Perses* d'Eschyle sont un témoignage : les vêtements voyants, les fards des femmes et le luxe sont le signe de la dépravation des mœurs.
2. **À distance** : l'expression banale de « femme distante » est ici revitalisée dans un brillant échange.
3. **Présence** : jeu sophistique qui rappelle la tradition inaugurée par le poète Stésichore, poursuivie ensuite par les sophistes (*Éloge d'Hélène* de Gorgias) et une pièce d'Euripide, *Hélène*, selon laquelle seule une image d'Hélène aurait été présente à Troie, tandis qu'elle même était prisonnière en Égypte.

que moi. Elles ne consentent qu'à la contrainte[1]. Mais alors avec enthousiasme.

HECTOR. À cheval ? Et laissant sous ses fenêtres cet amas de crottin qui est la trace des séducteurs ?

45 PÂRIS. C'est une enquête ?

HECTOR. C'est une enquête. Tâche pour une fois de répondre avec précision. Tu n'as pas insulté la maison conjugale, ni la terre grecque ?

PÂRIS. L'eau grecque, un peu. Elle se baignait...

50 CASSANDRE. Elle est née de l'écume, quoi ! La froideur est née de l'écume, comme Vénus[2].

HECTOR. Tu n'as pas couvert la plinthe du palais d'inscriptions ou de dessins offensants, comme tu en es coutumier ? Tu n'as pas lâché le premier sur les échos ce mot qu'ils
55 doivent tous redire en ce moment au mari trompé[3] ?

PÂRIS. Non, Ménélas était nu sur le rivage, occupé à se débarrasser l'orteil d'un crabe. Il a regardé filer mon canot comme si le vent emportait ses vêtements.

HECTOR. L'air furieux ?

60 PÂRIS. Le visage d'un roi que pince un crabe n'a jamais exprimé la béatitude.

HECTOR. Pas d'autres spectateurs ?

---

1. **Contrainte** : exploitation de la consonance phonétique.
2. **Vénus** : allusion à la légende de la naissance de la déesse de l'amour à partir de l'écume de la mer (selon la *Théogonie* d'Hésiode, par suite de la castration d'Ouranos par Kronos). Le nom latin d'Aphrodite employé ici évoque pour nous les représentations de la déesse diffusées par les Romains et par l'art italien, en particulier un célèbre tableau de Botticelli.
3. **Mari trompé** : jeu de périphrase pour évoquer sans le prononcer le mot *cocu*, auquel la réplique suivante de Pâris fera pour ainsi dire écho (« nu »).

PÂRIS. Mes gabiers.

HECTOR. Parfait !

65 PÂRIS. Pourquoi parfait ? Où veux-tu en venir ?

HECTOR. Je dis parfait, parce que tu n'as rien commis d'irrémédiable. En somme, puisqu'elle était déshabillée, pas un seul des vêtements d'Hélène, pas un de ses objets n'a été insulté. Le corps seul a été souillé. C'est négligeable. Je 70 connais assez les Grecs pour savoir qu'ils tireront une aventure divine et tout à leur honneur, de cette petite reine grecque qui va à la mer, et qui remonte tranquillement après quelques mois de sa plongée, le visage innocent[1].

CASSANDRE. Nous garantissons le visage.

75 PÂRIS. Tu penses que je vais ramener Hélène à Ménélas ?

HECTOR. Nous ne t'en demandons pas tant, ni lui... L'envoyé grec s'en charge... Il la repiquera[2] lui-même dans la mer, comme le piqueur de plantes d'eau, à l'endroit désigné. Tu la lui remettras dès ce soir.

80 PÂRIS. Je ne sais pas si tu te rends très bien compte de la monstruosité que tu commets, en supposant qu'un homme a devant lui une nuit avec Hélène, et accepte d'y renoncer.

CASSANDRE. Il te reste un après-midi avec Hélène. Cela fait plus grec.

85 HECTOR. N'insiste pas. Nous te connaissons. Ce n'est pas la première séparation que tu acceptes.

---

[1]. Visage innocent : la tradition de Stésichore, les éloges paradoxaux et l'*Hélène* d'Euripide innocentaient Hélène, voir p. 58, note 3.
[2]. Repiquera : métaphore horticole, mais peut-être aussi allusion au fait que Pâris a « piqué » Hélène à Ménélas et qu'il suffit de la « repiquer » pour effacer toute trace de l'enlèvement.

PÂRIS. Mon cher Hector, c'est vrai. Jusqu'ici, j'ai toujours accepté d'assez bon cœur les séparations. La séparation d'avec une femme, fût-ce la plus aimée, comporte un agré-
90 ment que je sais goûter mieux que personne. La première promenade solitaire dans les rues de la ville au sortir de la dernière étreinte, la vue du premier petit visage de couturière, tout indifférent et tout frais, après le départ de l'amante ado-rée au nez rougi par les pleurs, le son du premier rire de
95 blanchisseuse ou de fruitière, après les adieux enroués par le désespoir, constituent une jouissance à laquelle je sacrifie bien volontiers les autres... Un seul être vous manque, et tout est repeuplé[1]... Toutes les femmes sont créées à nouveau pour vous, toutes sont à vous, et cela dans la liberté, la dignité, la
100 paix de votre conscience... Oui, tu as bien raison, l'amour comporte des moments vraiment exaltants, ce sont les rup-tures... Aussi ne me séparerai-je jamais d'Hélène, car avec elle j'ai l'impression d'avoir rompu avec toutes les autres femmes, et j'ai mille libertés et mille noblesses au lieu d'une[2].

105 HECTOR. Parce qu'elle ne t'aime pas. Tout ce que tu dis le prouve.

PÂRIS. Si tu veux. Mais je préfère à toutes les passions cette façon dont Hélène ne m'aime pas.

HECTOR. J'en suis désolé. Mais tu la rendras.

110 PÂRIS. Tu n'es pas le maître ici.

HECTOR. Je suis ton aîné, et le futur maître.

---

1. **Repeuplé** : la citation déformée du vers de Lamartine, « Un seul être vous manque, et tout est dépeuplé » (poème « L'Isolement », *Méditations poétiques* I, 1820), caractérise le personnage de Pâris comme jouisseur et cynique.
2. **Au lieu d'une** : le Pâris de Giraudoux semble connaître son Don Juan, celui de Mozart et Da Ponte, avec le fameux catalogue (« In Ispania mille e tre »), autant que celui de Molière et *La Belle Hélène* d'Offenbach.

PÂRIS. Alors commande dans le futur. Pour le présent, j'obéis à notre père.

HECTOR. Je n'en demande pas davantage ! Tu es d'accord
115 pour que nous nous en remettions au jugement de Priam[1] ?

PÂRIS. Parfaitement d'accord.

HECTOR. Tu le jures ? Nous le jurons ?

CASSANDRE. Méfie-toi, Hector ! Priam est fou d'Hélène[2]. Il livrerait plutôt ses filles.

120 HECTOR. Que racontes-tu là ?

PÂRIS. Pour une fois qu'elle dit le présent au lieu de l'avenir, c'est la vérité.

CASSANDRE. Et tous nos frères, et tous nos oncles, et tous nos arrière-grands-oncles !... Hélène a une garde d'honneur,
125 qui assemble tous nos vieillards. Regarde. C'est l'heure de sa promenade... Vois aux créneaux toutes ces têtes à barbe blanche... On dirait les cigognes caquetant sur les remparts[3].

HECTOR. Beau spectacle. Les barbes sont blanches et les visages rouges.

---

[1]. **Jugement de Priam** : allusion au fameux épisode du « jugement de
[2]. **Priam est fou d'Hélène** : c'est ce que suggère le passage de l'*Iliade* (III, 145 et suiv.). La suite de la réplique de Cassandre relève de l'invention de Giraudoux.
[3]. **Sur les remparts** : dans le passage de l'*Iliade* cité, Hélène trouve sur le rempart Priam parmi les vieillards troyens « comme des cigales ». Ils disent leur admiration pour sa beauté (vers 156 à 160) mais aussi leur désir de la voir repartir auprès de son époux.
La substitution des cigognes aux cigales transforme les sages d'Homère en voyeurs séniles « caquetant », peut-être pour ridiculiser les discussions politiques.

130 CASSANDRE. Oui. C'est la congestion. Ils devraient être à la porte du Scamandre[1], par où entrent nos troupes et la victoire. Non, ils sont aux portes Scées[2], par où sort Hélène.

HECTOR. Les voilà qui se penchent tout d'un coup, comme les cigognes quand passe un rat[3].

135 CASSANDRE. C'est Hélène qui passe...

PÂRIS. Ah oui ?

CASSANDRE. Elle est sur la seconde terrasse. Elle rajuste sa sandale[4], debout, prenant bien soin de croiser haut la jambe.

HECTOR. Incroyable. Tous les vieillards de Troie sont là à
140 la regarder d'en haut.

CASSANDRE. Non. Les plus malins regardent d'en bas.

CRIS AU DEHORS. Vive la Beauté !

HECTOR. Que crient-ils ?

PÂRIS. Ils crient : Vive la Beauté !

145 CASSANDRE. Je suis de leur avis. Qu'ils meurent vite.

CRIS AU DEHORS. Vive Vénus !

HECTOR. Et maintenant ?

---

1. **Scamandre** : fleuve de Troade, qui – les fleuves sont des dieux – dans le chant XXI de l'*Iliade* se rebelle contre la violence d'Achille. La « porte du Scamandre » semble une invention *ad hoc* pour s'opposer aux « portes
2. **Portes Scées** : reprise explicite des termes de l'*Iliade*, où Hélène trouve les vieillards troyens et Priam sur le rempart, près des portes de ce nom.
3. **Un rat** : l'image des vieillards vus comme des cigognes caquetant permet l'association avec le rat, évoquant probablement les *Fables* de La Fontaine, sans référence précise.
4. **Sandale** : le geste de rattacher sa sandale permet une pose gracieuse et érotique. L'ironie consiste à superposer l'image d'Hélène et celle de la Victoire Nikè, connue par la statuaire antique classique.

CASSANDRE. Vive Vénus... Ils ne crient que des phrases sans r, à cause de leur manque de dents... Vive la Beauté... Vive
150 Vénus... Vive Hélène[1]... Ils croient proférer des cris. Ils poussent simplement le mâchonnement à sa plus haute puissance.

HECTOR. Que vient faire Vénus là-dedans ?

CASSANDRE. Ils ont imaginé que c'était Vénus qui nous don-
155 nait Hélène... Pour récompenser Pâris de lui avoir décerné la pomme à première vue.

HECTOR. Tu as fait aussi un beau coup ce jour-là !

PÂRIS. Ce que tu es frère aîné !

SCÈNE 5. LES MÊMES. DEUX VIEILLARDS.

PREMIER VIEILLARD. D'en bas, nous la voyons mieux...

SECOND VIEILLARD. Nous l'avons même bien vue !

PREMIER VIEILLARD. Mais d'ici elle nous entend mieux. Allez ! Une, deux, trois !

5 TOUS DEUX. Vive Hélène !

DEUXIÈME VIEILLARD. C'est un peu fatigant, à notre âge, d'avoir à descendre et à remonter constamment par des escaliers impossibles, selon que nous voulons la voir ou l'acclamer.

---

1. **Hélène** : dans la légende, Pâris devait attribuer le prix de la beauté à l'une des trois déesses, Héra (la Junon romaine), Athéna (Minerve), Aphrodite (Vénus). Il reçut en récompense Hélène. Les vieillards semblent répéter ce jugement en assimilant Hélène à la Beauté. La désignation d'Aphrodite comme *Vénus* semble comiquement attribuée à l'incapacité des vieillards à prononcer le *r*, ce qui justifie la réplique d'Hector.

Le jugement de Pâris.

10 PREMIER VIEILLARD. Veux-tu que nous alternions ? Un jour nous l'acclamerons ? Un jour nous la regarderons ?

DEUXIÈME VIEILLARD. Tu es fou, un jour sans bien voir Hélène !... Songe à ce que nous avons vu d'elle aujourd'hui ! Une, deux, trois !

15 TOUS DEUX. Vive Hélène !

PREMIER VIEILLARD. Et maintenant en bas !...

Ils disparaissent en courant.

CASSANDRE. Et tu les vois, Hector. Je me demande comment vont résister tous ces poumons besogneux.

20 HECTOR. Notre père ne peut être ainsi.

PÂRIS. Dis-moi, Hector, avant de nous expliquer devant lui tu pourrais peut-être jeter un coup d'œil sur Hélène.

HECTOR. Je me moque d'Hélène... Oh ! Père, salut !

Priam est entré, escorté d'Hécube, d'Andromaque, du poète
25 *Demokos et d'un autre vieillard. Hécube tient à la main la petite Polyxène.*

Victoire rattachant sa sandale.
Musée de l'Acropole, Athènes.

REPÈRES

• Pourquoi Pâris arrive-t-il au début de la scène ?
• Comment peut-on justifier l'absence d'Andromaque ?
• Les deux premières répliques annoncent-elles une scène de la même tonalité que la scène précédente ?

OBSERVATION

• Quels sont les différents moments de la scène ?
• Montrez que les scènes 4 et 5 forment une unité. Quel est le rôle de la scène 5 par rapport à la scène 4 ?
• En quoi les deux frères s'opposent-ils dans la scène 4 ? Comment Pâris soutient-il l'interrogatoire inquisiteur de son frère ? Étudiez l'image de séducteur qui apparaît et le ton utilisé.
• Relevez les moments où les tensions familiales sont perceptibles.
• Cassandre et Pâris font-ils le même portrait d'Hélène ? Comment Giraudoux inverse-t-il le point de vue traditionnel ?
• Étudiez la tirade de Pâris sur l'amour. Relevez les figures rhétoriques et les éléments qui lui donnent une dimension poétique.
• Quels éléments donnent à la scène une tonalité amusante ? Étudiez-en l'humour et l'ironie (allusions, paradoxes, caricature...)
• Quels traits Cassandre fait-elle ressortir chez les vieillards ? Quel effet cela produit-il ?
Appréciez le renversement de l'image ébauchée par Ronsard dans le sonnet « Il ne faut s'ébahir, disaient ces bons vieillards... » (*Sonnets pour Hélène*, II, LXVII).

INTERPRÉTATIONS

• En quoi Pâris peut-il être traité de « sexiste » ? Est-il le seul à avoir cette attitude ?
• Quel est l'intérêt de cette scène ? Comment crée-t-elle une attente chez le spectateur et prépare-t-elle la suite ?
• Dans cette scène, les personnages ont-ils la dignité de héros de légende ? Pourquoi, à votre avis ?
• Quel opéra a lancé la version burlesque de l'enlèvement d'Hélène ?

SCÈNE 6. HÉCUBE, ANDROMAQUE, CASSANDRE, HECTOR, PÂRIS, DEMOKOS, LA PETITE POLYXÈNE[1].

PRIAM. Tu dis ?

HECTOR. Je dis, Père, que nous devons nous précipiter pour fermer les portes de la guerre, les verrouiller, les cadenasser[2]. Il ne faut pas qu'un moucheron puisse passer entre les deux
5 battants !

PRIAM. Ta phrase m'a paru moins longue.

DEMOKOS. Il disait qu'il se moquait d'Hélène.

PRIAM. Penche-toi... *Hector obéit.* Tu la vois ?

HÉCUBE. Mais oui, il la voit. Je me demande qui ne la verrait
10 pas et qui ne l'a pas vue. Elle fait le chemin de ronde[3].

DEMOKOS. C'est la ronde de la beauté.

PRIAM. Tu la vois ?

HECTOR. Oui... Et après ?

DEMOKOS. Priam te demande ce que tu vois !

15 HECTOR. Je vois une jeune femme qui rajuste sa sandale.

CASSANDRE. Elle met un certain temps à rajuster sa sandale.

---

1. Les éditions omettent dans la liste des personnages en scène Priam, le Géomètre et la jeune Servante.
2. **Cadenasser** : sur les « portes de la guerre », c'est-à-dire celles du temple de Janus à Rome, voir acte I, scène 3, note 5, p. 49.
3. **Ronde** : chemin qui longe une muraille (d'où vient l'expression *faire la ronde* dans le sens de « faire le tour de garde », mais aussi allusion aux allées et venues des prostituées ; cf. ligne 35 : « elle court les rues »).

PÂRIS. Je l'ai emportée nue et sans garde-robe. Ce sont des sandales à toi. Elles sont un peu grandes.

CASSANDRE. Tout est grand pour les petites femmes.

20 HECTOR. Je vois deux fesses charmantes.

HÉCUBE. Il voit ce que vous tous voyez.

PRIAM. Mon pauvre enfant !

HECTOR. Quoi ?

DEMOKOS. Priam te dit : pauvre enfant !

25 PRIAM. Oui, je ne savais pas que la jeunesse de Troie en était là.

HECTOR. Où en est-elle ?

PRIAM. À l'ignorance de la beauté.

DEMOKOS. Et par conséquent de l'amour. Au réalisme, 30 quoi ! Nous autres poètes appelons cela le réalisme[1].

HECTOR. Et la vieillesse de Troie en est à la beauté et à l'amour ?

HÉCUBE. C'est dans l'ordre. Ce ne sont pas ceux qui font l'amour ou ceux qui sont la beauté qui ont à les comprendre.

35 HECTOR. C'est très courant, la beauté, père. Je ne fais pas allusion à Hélène, mais elle court les rues[2].

PRIAM. Hector, ne sois pas de mauvaise foi. Il t'est bien arrivé dans la vie, à l'aspect d'une femme, de ressentir qu'elle n'était pas seulement elle-même, mais que tout un flux d'idées et de sentiments avait coulé en sa chair et en prenait l'éclat.

---

1. **Réalisme** : écho des oppositions entre les partisans du *symbole* et ceux du *réalisme* littéraires.
2. **Court les rues** : jeu de mots sur les différents emplois de *courant* et *courir*.

DEMOKOS. Ainsi le rubis personnifie le sang.

HECTOR. Pas pour ceux qui ont vu du sang. Je sors d'en prendre.

DEMOKOS. Un symbole, quoi ! Tout guerrier que tu es, tu
45 as bien entendu parler des symboles ! Tu as bien rencontré des femmes qui, d'aussi loin que tu les apercevais, te semblaient personnifier l'intelligence, l'harmonie, la douceur ?

HECTOR. J'en ai vu.

DEMOKOS. Que faisais-tu alors ?

50 HECTOR. Je m'approchais et c'était fini... Que personnifie celle-là ?

DEMOKOS. On te le répète, la beauté.

HÉCUBE. Alors, rendez-là vite aux Grecs, si vous voulez qu'elle vous la personnifie pour longtemps. C'est une
55 blonde[1].

DEMOKOS. Impossible de parler avec ces femmes !

HÉCUBE. Alors ne parlez pas des femmes ! Vous n'êtes guère galants, en tout cas, ni patriotes. Chaque peuple remise son symbole dans sa femme, qu'elle soit camuse[2] ou lippue[3]. Il
60 n'y a que vous pour aller le loger ailleurs.

HECTOR. Père, mes camarades et moi rentrons harassés. Nous avons pacifié notre continent pour toujours[4]. Nous

---

1. **Blonde** : on retrouvera une allusion à la fragilité des blondes dans *Amphitryon 38*. Giraudoux vise peut-être le stéréotype des stars du cinéma américain popularisées entre les deux guerres comme des images de la beauté féminine idéale.
2. **Camuse** : un nez camus est aplati et court.
3. **Lippue** : qui a de grosses lèvres.
4. **Pour toujours** : cf. scène 1, note 2, p. 41, l'allusion à la « dernière » guerre, celle de 14-18.

entendons désormais vivre heureux, nous entendons que nos femmes puissent nous aimer sans angoisse et avoir leurs
65 enfants.

DEMOKOS. Sages principes, mais jamais la guerre n'a empêché d'accoucher.

HECTOR. Dis-moi pourquoi nous trouvons la ville transformée, du seul fait d'Hélène ? Dis-moi ce qu'elle nous a
70 apporté, qui vaille une brouille avec les Grecs !

LE GÉOMÈTRE. Tout le monde te le dira ! Moi je peux te le dire !

HÉCUBE. Voilà le géomètre !

LE GÉOMÈTRE. Oui, voilà le géomètre ! Et ne crois pas que
75 les géomètres n'aient pas à s'occuper des femmes ! Ils sont les arpenteurs aussi de votre apparence. Je ne te dirai pas ce qu'ils souffrent, les géomètres, d'une épaisseur de peau en trop à vos cuisses ou d'un bourrelet à votre cou... Eh bien, les géomètres jusqu'à ce jour n'étaient pas satisfaits de cette
80 contrée qui entoure Troie. La ligne d'attache de la plaine aux collines leur semblait molle, la ligne des collines aux montagnes du fil de fer. Or, depuis qu'Hélène est ici, le paysage a pris son sens et sa fermeté[1]. Et, chose particulièrement sensible aux vrais géomètres, il n'y a plus à l'espace et au volume

---

1. **Son sens et sa fermeté** : l'un des procédés favoris de Giraudoux consiste à établir un rapport inattendu entre les grandes et les petites choses, ici les poids et mesures et l'harmonie cosmique. Le mot de *géomètre* est pris dans son sens grec étymologique de « mesureur de la terre, arpenteur », relevant pour nous de la géographie plus que de la géométrie. La folie pseudo-scientifique du géomètre justifie l'ironie d'Hécube.

85 qu'une commune mesure qui est Hélène[1]. C'est la mort de tous ces instruments inventés par les hommes pour rapetisser l'univers. Il n'y a plus de mètres, de grammes, de lieues. Il n'y a plus que le pas d'Hélène, la coudée d'Hélène, la portée du regard ou de la voix d'Hélène, et l'air de son passage est
90 la mesure des vents. Elle est notre baromètre, notre anémomètre[2] ! Voilà ce qu'ils te disent, les géomètres.

HÉCUBE. Il pleure, l'idiot.

PRIAM. Mon cher fils, regarde seulement cette foule, et tu comprendras ce qu'est Hélène. Elle est une espèce d'absolu-
95 tion. Elle prouve à tous ces vieillards que tu vois là au guet et qui ont mis des cheveux blancs au fronton de la ville, à celui-là qui a volé, à celui-là qui trafiquait des femmes, à celui-là qui manqua sa vie, qu'ils avaient au fond d'eux-mêmes une revendication secrète, qui était la beauté. Si la
100 beauté avait été près d'eux, aussi près qu'Hélène l'est aujourd'hui, ils n'auraient pas dévalisé leurs amis, ni vendu leurs filles, ni bu leur héritage. Hélène est leur pardon, et leur revanche, et leur avenir[3].

---

1. **Qu'une commune mesure qui est Hélène** : allusion à la fameuse maxime attribuée au sophiste grec Protagoras, contemporain de Platon, « L'homme est la mesure de toute chose ». En substituant à l'homme, l'humanité (grec *anthropos*) une femme particulière, individuelle, le personnage en ridiculise la portée – l'interprétation de cette maxime, sans contexte, est d'ailleurs très discutée – et justifie « rapetisser l'univers » (l. 86-87).
2. **Anémomètre** : appareil à mesurer la vitesse du vent. Les deux appareils, baromètre et anémomètre, ont un nom forgé à partir du grec, mais par les spécialistes modernes. Ils s'agit d'un anachronisme, destiné à ridiculiser le géomètre qui finit avec des cuistreries et une rime sur *mètre*. On pense aux médecins de Molière et aux maîtres du *Bourgeois gentilhomme...*
3. **... et leur avenir** : Giraudoux prête à Priam sa connaissance rhétorique – métaphores, alliance de l'abstrait et du concret (« mis des cheveux blancs au fronton de la ville »), rythmes ternaires (les trois « à celui-là », puis « dévalisé leurs amis, ni vendu leur filles, ni bu leur héritage », enfin « leur pardon, et leur revanche, et leur avenir »), ouverture sur le futur dans la phrase de péroraison... – et sa culture (Anne Dacier traduit l'expression grecque *philon teknon* par « Mon cher fils » dans l'*Iliade* et dans l'*Odyssée*, Fénelon fait s'exprimer de même ses personnages dans le *Télémaque*).

HECTOR. L'avenir des vieillards me laisse indifférent.

105 DEMOKOS. Hector, je suis poète et juge en poète. Suppose que notre vocabulaire ne soit pas quelquefois touché par la beauté ! Suppose que le mot « délice »[1] n'existe pas !

HECTOR. Nous nous en passerions. Je m'en passe déjà. Je ne prononce le mot « délice » qu'absolument forcé.

110 DEMOKOS. Oui, et tu te passerais du mot « volupté », sans doute ?

HECTOR. Si c'était au prix de la guerre qu'il fallût acheter le mot « volupté », je m'en passerais.

DEMOKOS. C'est au prix de la guerre que tu as trouvé le
115 plus beau, le mot « courage ».

HECTOR. C'était bien payé.

HÉCUBE. Le mot « lâcheté » a dû être trouvé par la même occasion.

PRIAM. Mon fils, pourquoi te forces-tu à ne pas nous
120 comprendre ?

HECTOR. Je vous comprends fort bien. À l'aide d'un quiproquo[2], en prétendant nous faire battre pour la beauté, vous voulez nous faire battre pour une femme.

PRIAM. Et tu ne ferais la guerre pour aucune femme ?

---

1. **Le mot « délice »** : la réflexion sur le lexique, et sur le langage en général, est une des clefs du style de Giraudoux. Voir le mot *délicieux / ravissant* dans *Siegfried*, le mot *agréable / divin* dans *Amphitryon 38*, et l'analyse de J. Robichez (*Le Théâtre de Giraudoux*, p. 67-73).
2. **Quiproquo** : terme employé dans sa pleine valeur étymologique, héritée du latin médiéval, « quelqu'un ou quelque chose pour » ou « à la place de quelqu'un d'autre ou quelque chose d'autre » : Hélène est selon Hector prise par erreur par les Troyens pour la beauté (noter la minuscule dans la notation écrite de la phrase d'Hector comme dans toute la scène, en contraste avec les « Vive la Beauté » des Vieillards dans la scène 4).

125 HECTOR. Certainement non !

HÉCUBE. Et il aurait rudement raison.

CASSANDRE. S'il n'y en avait qu'une peut-être. Mais ce chiffre est largement dépassé.

DEMOKOS. Tu ne ferais pas la guerre pour reprendre 130 Andromaque ?

HECTOR. Andromaque et moi avons déjà convenu de moyens secrets pour échapper à toute prison et nous rejoindre[1].

DEMOKOS. Pour vous rejoindre, si tout espoir est perdu ?

135 ANDROMAQUE. Pour cela aussi.

HÉCUBE. Tu as bien fait de les démasquer, Hector. Ils veulent faire la guerre pour une femme[2], c'est la façon d'aimer des impuissants.

DEMOKOS. C'est vous donner beaucoup de prix ?

140 HÉCUBE. Ah oui ! par exemple !

DEMOKOS. Permets-moi de ne pas être de ton avis. Le sexe à qui je dois ma mère[3], je le respecterai jusqu'en ses représentantes les moins dignes.

---

1. **Rejoindre** : allusion au suicide stoïcien, ultime liberté de l'homme selon les théories philosophiques, avec les *exempla* donnés en abondance dans les *Vies des hommes illustres* de Plutarque.

2. **La guerre pour une femme** : cette définition lapidaire de la guerre de Troie vient, bien sûr, de l'*Iliade* (par exemple III, 128 : Hélène au métier trace les épreuves que Troyens et Achéens ont subies « pour elle sous les coups d'Arès »), et a été popularisée en France par la Pléiade, par La Fontaine (*Les deux coqs* : « Amour, tu perdis Troie... ») etc.

3. **À qui je dois ma mère** : déformation du vers, célèbre à l'époque, par lequel se termine *Le Mérite des femmes* de Legouvé : « Tombe au pied de ce sexe à qui tu dois ta mère. » Cette pièce avait déjà été évoquée dans *Siegfried*.

HÉCUBE. Nous le savons. Tu l'y as déjà respecté...

145 *Les servantes accourues au bruit de la dispute éclatent de rire.*

PRIAM. Hécube ! Mes filles ! Que signifie cette révolte de gynécée[1] ? Le conseil se demande s'il ne mettra pas la ville en jeu pour l'une d'entre vous ; et vous en êtes humiliées ?

ANDROMAQUE. Il n'est qu'une humiliation pour la femme, 150 l'injustice.

DEMOKOS. C'est vraiment pénible de constater que les femmes sont les dernières à savoir ce qu'est la femme[2].

LA JEUNE SERVANTE, *qui repasse.* Oh ! là ! là !

HÉCUBE. Elles le savent parfaitement. Je vais vous le dire, 155 moi, ce qu'est la femme.

DEMOKOS. Ne les laisse pas parler, Priam. On ne sait jamais ce qu'elles peuvent dire.

HÉCUBE. Elles peuvent dire la vérité.

PRIAM. Je n'ai qu'à penser à l'une de vous, mes chéries, pour 160 savoir ce qu'est la femme.

DEMOKOS. Primo. Elle est le principe de notre énergie. Tu le sais bien, Hector. Les guerriers qui n'ont pas un portrait de femme dans leur sac ne valent rien.

CASSANDRE. De votre orgueil, oui.

165 HÉCUBE. De vos vices.

ANDROMAQUE. C'est un pauvre tas d'incertitude, un pauvre

---

1. **Gynécée** : désignation en grec classique de la partie de la maison occupée par les femmes.
2. **La femme** : Giraudoux, souvent accusé de généralisation abusive, semble ici se moquer de ses propres tendances.

amas de crainte, qui déteste ce qui est lourd, qui adore ce qui est vulgaire et facile.

HECTOR. Chère Andromaque !

170 HÉCUBE. C'est très simple. Voilà cinquante ans que je suis femme et je n'ai jamais pu encore savoir au juste ce que j'étais.

DEMOKOS. Secundo. Qu'elle le veuille ou non, elle est la seule prime du courage... Demandez au moindre soldat. Tuer 175 un homme, c'est mériter une femme.

ANDROMAQUE. Elle aime les lâches, les libertins[1]. Si Hector était lâche ou libertin, je l'aimerais autant. Je l'aimerais peut-être davantage.

PRIAM. Ne va pas trop loin, Andromaque. Tu prouverais le 180 contraire de ce que tu veux prouver.

LA PETITE POLYXÈNE. Elle est gourmande. Elle ment.

DEMOKOS. Et de ce que représentent dans la vie humaine la fidélité, la pureté, nous n'en parlons pas, hein ?

LA SERVANTE. Oh ! là ! là[2] !

185 DEMOKOS. Que racontes-tu, toi ?

LA SERVANTE. Je dis : Oh ! là ! là ! Je dis ce que je pense.

LA PETITE POLYXÈNE. Elle casse ses jouets. Elle leur plonge la tête dans l'eau bouillante.

HÉCUBE. À mesure que nous vieillissons, nous les femmes, 190 nous voyons clairement ce qu'ont été les hommes, des hypocrites, des vantards, des boucs. À mesure que les hommes

---

1. **Libertins :** ici dans le sens de « dévergondés, dissolus ».
2. **Oh ! là ! là !** : l'onomatopée – ironique selon nous – de la Servante s'oppose aux discours des mâles.

vieillissent, ils nous parent de toutes les perfections. Il n'est pas un souillon accolé derrière un mur qui ne se transforme dans vos souvenirs en créature d'amour.

195 PRIAM. Tu m'as trompé, toi ?

HÉCUBE. Avec toi-même seulement, mais cent fois.

DEMOKOS. Andromaque a trompé Hector ?

HÉCUBE. Laisse donc Andromaque tranquille. Elle n'a rien à voir dans les histoires de femme.

200 ANDROMAQUE. Si Hector n'était pas mon mari, je le tromperais avec lui-même. S'il était un pêcheur pied-bot[1] bancal, j'irais le poursuivre jusque dans sa cabane. Je m'étendrais dans les écailles d'huître et les algues. J'aurais de lui un fils adultère.

205 LA PETITE POLYXÈNE. Elle s'amuse à ne pas dormir la nuit, tout en fermant les yeux.

HÉCUBE, à Polyxène. Oui, tu peux en parler, toi ! C'est épouvantable ! Que je t'y reprenne !

LA SERVANTE. Il n'y a pire que l'homme. Mais celui-là !

210 DEMOKOS. Et tant pis si la femme nous trompe ! Tant pis si elle-même méprise sa dignité et sa valeur. Puisqu'elle n'est pas capable de maintenir en elle cette forme idéale qui la maintient rigide et écarte les rides de l'âme, c'est à nous de le faire...

215 LA SERVANTE. Ah ! le bel embauchoir[2] !

---

1. **Pied-bot** : déformation du pied par réfraction musculaire.
2. **Embauchoir** : forme en bois à mettre dans les chaussures pour maintenir leur forme. Dans le prolongement des termes utilisés par Andromaque (« pied-bot bancal ») et le « maintient rigide » de Démokos, mais en rupture ironique avec la noble métaphore « écarte les rides de l'âme ».

PÂRIS. Il n'y a qu'une chose qu'elles oublient de dire : qu'elles ne sont pas jalouses.

PRIAM. Chères filles, votre révolte même prouve que nous avons raison. Est-il une plus grande générosité que celle qui
220 vous pousse à vous battre en ce moment pour la paix, la paix qui vous donnera des maris veules, inoccupés, fuyants, quand la guerre vous fera d'eux des hommes !...

DEMOKOS. Des héros.

HÉCUBE. Nous connaissons le vocabulaire. L'homme en
225 temps de guerre s'appelle le héros. Il peut ne pas en être plus brave, et fuir à toutes jambes. Mais c'est du moins un héros qui détale[1].

ANDROMAQUE. Mon père, je vous en supplie. Si vous avez cette amitié pour les femmes, écoutez ce que toutes les
230 femmes du monde vous disent par ma voix[2]. Laissez-nous nos maris comme ils sont. Pour qu'ils gardent leur agilité et leur courage, les dieux ont créé autour d'eux tant d'entraîneurs vivants ou non vivants ! Quand ce ne serait que l'orage ! Quand ce ne serait que les bêtes ! Aussi longtemps
235 qu'il y aura des loups, des éléphants, des onces[3], l'homme aura mieux que l'homme comme émule[4] et comme adversaire. Tous ces grands oiseaux qui volent autour de nous, ces lièvres dont nous les femmes confondons le poil avec les bruyères, sont de plus sûrs garants de la vue perçante de nos

---

1. **Héros qui détale** : souvenir de l'*Iliade*, XXII, 158 : « Devant, c'est un brave qui fuit. » L'ironie de Giraudoux consiste ici à prêter tragiquement à Hécube, sa mère, la description d'Hector fuyant devant Achille faite par le narrateur à la troisième personne dans ce passage de l'*Iliade*, dans un style qui le rapproche des lièvres de La Fontaine.
2. **Par ma voix** : la presse d'avril 1935 signale le congrès de l'Alliance internationale de femmes « pour discuter de la paix mondiale ».
3. **Onces** : grands félins d'Asie, mot rare.
4. **Émule** : personne que l'on cherche à égaler ou dépasser, emploi classique.

240 maris que l'autre cible, que le cœur de l'ennemi emprisonné
dans sa cuirasse. Chaque fois que j'ai vu tuer un cerf ou un
aigle, je l'ai remercié. Je savais qu'il mourait pour Hector.
Pourquoi voulez-vous que je doive Hector à la mort d'autres
hommes ?

245 PRIAM. Je ne le veux pas, ma petite chérie. Mais savez-vous
pourquoi vous êtes là, toutes si belles et si vaillantes ? C'est
parce que vos maris et vos pères et vos aïeux furent des guerriers. S'ils avaient été paresseux aux armes, s'ils n'avaient pas
su que cette occupation terne et stupide qu'est la vie se justifie
250 soudain et s'illumine par le mépris que les hommes ont d'elle,
c'est vous qui seriez lâches et réclameriez la guerre. Il n'y a
pas deux façons de se rendre immortel ici-bas, c'est d'oublier
qu'on est mortel[1].

ANDROMAQUE. Oh ! justement, Père, vous le savez bien !
255 Ce sont les braves qui meurent à la guerre. Pour ne pas y être
tué, il faut un grand hasard ou une grande habileté. Il faut
avoir courbé la tête, ou s'être agenouillé au moins une fois
devant le danger. Les soldats qui défilent sous les arcs de
triomphe sont ceux qui ont déserté la mort. Comment un
260 pays pourrait-il gagner dans son honneur et dans sa force en
les perdant tous les deux ?

PRIAM. Ma fille, la première lâcheté est la première ride d'un
peuple.

ANDROMAQUE. Où est la pire lâcheté ? Paraître lâche vis-à-
265 vis des autres, et assurer la paix ? Ou être lâche vis-à-vis de
soi-même et provoquer la guerre ?

---

1. **Mortel** : allusion ironique aux maximes classiques de la tragédie sur la
mesure et à sa forme latine dans le rituel du triomphe, dans lequel un esclave
devait rappeler à l'*imperator* vainqueur sur le chemin du Capitole : *memento
te moriturum* (« souviens-toi que tu es mortel »).

DEMOKOS. La lâcheté est de ne pas préférer à toute mort la mort pour son pays.

HÉCUBE. J'attendais la poésie à ce tournant[1]. Elle n'en
270 manque pas une.

ANDROMAQUE. On meurt toujours pour son pays ! Quand on a vécu en lui digne, actif, sage, c'est pour lui aussi qu'on meurt. Les tués ne sont pas tranquilles sous la terre, Priam. Ils ne se fondent pas en elle pour le repos et l'aménagement
275 éternel. Ils ne deviennent pas sa glèbe[2], sa chair. Quand on retrouve dans le sol une ossature humaine, il y a toujours une épée près d'elle. C'est un os de la terre, un os stérile. C'est un guerrier[3].

HÉCUBE. Ou alors que les vieillards soient les seuls guerriers.
280 Tout pays est le pays de la jeunesse. Il meurt quand la jeunesse meurt[4].

DEMOKOS. Vous nous ennuyez avec votre jeunesse. Elle sera la vieillesse dans trente ans.

CASSANDRE. Erreur.

285 HÉCUBE. Erreur ! Quand l'homme adulte touche à ses quarante ans, on lui substitue un vieillard. Lui disparaît. Il n'y a que des rapports d'apparence entre les deux. Rien de l'un ne continue en l'autre.

---

1. **À ce tournant** : comme les hommes prenant plus haut Hélène pour la beauté, Hécube assimile ironiquement Demokos à la poésie.
2. **Glèbe** : sol, terre en culture.
3. **Guerrier** : Giraudoux pense probablement aux trouvailles archéologiques, en particulier celles de Schliemann à Troie et à Mycènes, mais aussi aux textes anciens rappelant l'importance des os des héros, par exemple l'oracle prescrivant aux Spartiates, suivant Hérodote, de retrouver les os d'Oreste s'ils voulaient obtenir la victoire.
4. **Quand la jeunesse meurt** : Giraudoux avait pris part dans la presse aux débats d'actualité sur la dénatalité en France (*Le Figaro*, 26 avril et 3 juin 1935) et divers « mouvements de jeunesse » se développaient dans divers pays d'Europe, en particulier dans l'Allemagne nazie.

DEMOKOS. Le souci de ma gloire a continué, Hécube.

290 HÉCUBE. C'est vrai. Et les rhumatismes...

Nouveaux éclats de rire des servantes.

HECTOR. Et tu écoutes cela sans mot dire, Pâris ! Et il ne te vient pas à l'esprit de sacrifier une aventure pour nous sauver d'années de discorde et de massacre ?

295 PÂRIS. Que veux-tu que je te dise ! Mon cas est international.

HECTOR. Aimes-tu vraiment Hélène, Pâris ?

CASSANDRE. Ils sont le symbole de l'amour. Ils n'ont même plus à s'aimer.

300 PÂRIS. J'adore Hélène.

CASSANDRE, *au rempart.* La voilà, Hélène.

HECTOR. Si je la convaincs de s'embarquer, tu acceptes ?

PÂRIS. J'accepte, oui.

HECTOR. Père, si Hélène consent à repartir pour la Grèce,
305 vous la retiendrez de force ?

PRIAM. Pourquoi mettre en question l'impossible ?

HÉCUBE. Et pourquoi l'impossible ? Si les femmes sont le quart de ce que vous prétendez, Hélène partira d'elle-même.

PÂRIS. Père, c'est moi qui vous en prie. Vous les voyez et
310 entendez. Cette tribu royale, dès qu'il est question d'Hélène, devient aussitôt un assemblage de belle-mère, de belles-sœurs, et de beau-père digne de la meilleure bourgeoisie. Je ne connais pas d'emploi plus humiliant dans une famille nom-

breuse que le rôle du fils séducteur[1]. J'en ai assez de leurs
315 insinuations. J'accepte le défi d'Hector.

DEMOKOS. Hélène n'est pas à toi seul, Pâris. Elle est à la
ville. Elle est au pays.

LE GÉOMÈTRE. Elle est au paysage.

HÉCUBE. Tais-toi, géomètre.

320 CASSANDRE. La voilà, Hélène...

HECTOR. Père, je vous le demande. Laissez-moi ce recours.
Écoutez... On nous appelle pour la cérémonie. Laissez-moi et
je vous rejoins.

PRIAM. Vraiment, tu acceptes, Pâris ?

325 PÂRIS. Je vous en conjure.

PRIAM. Soit. Venez, mes enfants. Allons préparer les portes
de la guerre.

CASSANDRE. Pauvres portes. Il faut plus d'huile pour les fermer que pour les ouvrir.

330 *Priam et sa suite s'éloignent. Demokos est resté.*

HECTOR. Qu'attends-tu là ?

DEMOKOS. Mes transes[2].

HECTOR. Tu dis ?

DEMOKOS. Chaque fois qu'Hélène apparaît, l'inspiration me
335 saisit. Je délire, j'écume.et j'improvise. Ciel, la voilà !

Il déclame.

---

1. **Fils séducteur** : cette évocation ironique de la famille annonce la satire de
l'adultère bourgeois chez les Théocathoclès dans *Électre*.
2. **Mes transes** : le délire poétique dont la Pythie à Delphes était le symbole.

Belle Hélène, Hélène de Sparte,
À gorge douce, à noble chef[1].
Les dieux nous gardent que tu partes,
340   Vers ton Ménélas derechef[2] !

HECTOR. Tu as fini de terminer tes vers avec ces coups de marteau qui nous enfoncent le crâne ?

DEMOKOS. C'est une invention à moi. J'obtiens des effets bien plus surprenants encore. Écoute :

345   Viens sans peur au-devant d'Hector,
La gloire et l'effroi du Scamandre !
Tu as raison et lui a tort...
Car il est dur et tu es tendre...

HECTOR. File !

350 DEMOKOS. Qu'as-tu à me regarder ainsi ? Tu as l'air de détester autant la poésie que la guerre.

HECTOR. Va ! Ce sont les deux sœurs[3] !

Le poète disparaît.

CASSANDRE, *annonçant.* Hélène !

---

1. **Chef** : dans le sens de « tête », désuet en français moderne.
2. **Derechef** : « de nouveau ». Les deux mots vieillis à la rime et le rythme octosyllabique donnent au « poème » de Demokos une allure évoquant les trouvères, des grands rhétoriqueurs et la Pléiade, mais les spectateurs de 1937 et d'aujourd'hui ne peuvent éviter de penser à la satire d'Offenbach. Dans *Elpénor* déjà, Giraudoux avait joué sur l'intrusion de la rime dans la poésie grecque.
3. **Les deux sœurs** : pointe finale préparée depuis l'entrée en scène du poète et le mot d'Hécube (voir note 1, p. 80).

REPÈRES

• Quel est le lien entre la scène 5 et la scène 6 ?
• Quel est l'enjeu de cette scène ? Quelle est son importance pour la progression de l'action ?

OBSERVATION

• Observez la progression de cette longue scène, et dites comment les thèmes abordés sont reliés entre eux.
• Hélène apparaît de façon contradictoire dans les propos des personnages.
– Précisez quel symbole elle représente pour les personnages masculins. Hector se joint-il à eux?
– Relevez les différents traits satiriques de la part de Cassandre et d'Hécube.
• Hors de la famille de Priam, deux personnages font leur apparition : Demokos et le Géomètre. Dressez leur portrait. Qu'incarnent-ils respectivement?
• En quoi la discussion sur les femmes est-elle reliée à la question de la guerre ? Comment les hommes et les femmes conçoivent-ils la femme ?
• Que veulent prouver Andromaque et Hécube, et comment s'y prennent-elles ? Andromaque est-elle toujours crédible ? Comment Hector puis Priam réagissent-ils ?
• Comment la petite Polyxène intervient-elle ?
• Cette scène est un débat sur la guerre et le patriotisme. Quels sont les deux camps en présence ? Quels sont leurs arguments respectifs ?
• Comment se manifeste l'amour entre Hector et Andromaque ?
• Les personnages, s'ils incarnent des positions théoriques, sont aussi finement caractérisés. Dressez le portrait d'Hécube et de Priam. Relevez les traits qui dotent chaque personnage d'une personnalité propre.
• Relevez les traits d'esprit, les ambiguïtés, les pointes d'humour. Quelle coloration donnent-ils à la scène ?
• Relevez les aphorismes. Quels sont les personnages qui les prononcent ? Ceux des hommes et ceux des femmes ont-ils la même finalité ?

• Relevez les allusions à la poésie, au cours de la scène. Étudiez les déclamations de Demokos, à la fin de la scène. Quelle est son « invention » ? En quoi est-il ridicule ? Expliquez la dernière réplique d'Hector. Que veut dénoncer Giraudoux ?

INTERPRÉTATIONS

• Comment interprétez-vous le silence de Pâris, puis son acceptation du « défi » d'Hector ? Vous paraît-il éprouver de l'amour pour Hélène ? En quoi est-ce important pour l'enjeu de la pièce ?
• Qui vous paraît incarner une figure de roi ? Qui, selon vous, va décider de la guerre ? En quoi est-ce inquiétant ?
• Quelle vous paraît être la position de Giraudoux sur la guerre, et sur la meilleure façon de servir son pays ? Quels personnages le représentent ? Et vous, de quel personnage vous sentez-vous le plus proche ? Pourquoi ?
• Giraudoux ridiculise le poète Demokos. Est-ce à dire qu'il récuse toute poésie ? À partir de références précises au texte, montrez que certains personnages s'expriment de façon poétique.

SCÈNE 7. HÉLÈNE, PÂRIS, HECTOR.

PÂRIS. Hélène chérie, voici Hector. Il a des projets sur toi, des projets tout simples. Il veut te rendre aux Grecs et te prouver que tu ne m'aimes pas... Dis-moi que tu m'aimes, avant que je te laisse avec lui... Dis-le moi comme tu le
5 penses.

HÉLÈNE. Je t'adore, chéri.

PÂRIS. Dis-moi qu'elle était belle, la vague qui t'emporta de Grèce !

HÉLÈNE. Magnifique ! Une vague magnifique !... Où as-tu
10 vu une vague¹ ? La mer était si calme...

PÂRIS. Dis-moi que tu hais Ménélas...

HÉLÈNE. Ménélas ? Je le hais.

PÂRIS. Tu n'as pas fini... Je ne retournerai jamais en Grèce. Répète.

15 HÉLÈNE. Tu ne retourneras jamais en Grèce.

PÂRIS. Non, c'est de toi qu'il s'agit.

HÉLÈNE. Bien sûr ! Que je suis sotte !... Jamais je ne retournerai en Grèce.

PÂRIS. Je ne le lui fais pas dire... À toi maintenant.

Il s'en va.

---

1. **Une vague** : un refrain formulaire du poème « Étroits sont les vaisseaux », dans *Amers* de Saint-John Perse, composé dans les années 50, semble faire écho à ce passage, avec inversion du sens de la vague : « Une même vague par le monde, une même vague depuis Troie... »

SCÈNE 8. HÉLÈNE, HECTOR.

HECTOR. C'est beau, la Grèce ?

HÉLÈNE. Pâris l'a trouvée belle.

HECTOR. Je vous demande si c'est beau, la Grèce sans Hélène ?

5 HÉLÈNE. Merci pour Hélène.

HECTOR. Enfin, comment est-ce, depuis qu'on en parle ?

HÉLÈNE. C'est beaucoup de rois et de chèvres éparpillés sur du marbre[1].

HECTOR. Si les rois sont dorés et les chèvres angora, cela ne
10 doit pas être mal au soleil levant.

HÉLÈNE. Je me lève tard.

HECTOR. Des dieux aussi, en quantité ? Pâris dit que le ciel en grouille, que des jambes de déesses en pendent.

HÉLÈNE. Pâris va toujours le nez levé[2]. Il peut les avoir
15 vues.

HECTOR. Vous, non ?

HÉLÈNE. Je ne suis pas douée. Je n'ai jamais pu voir un poisson dans la mer. Je regarderai mieux quand j'y retournerai.

---

1. **Marbre :** voir le thème du marbre de la piscine sur lequel Agamemnon est censé avoir glissé dans *Électre*.
2. **Le nez levé :** on retrouvera le même thème du nez levé pour Agathe Théocathoclès dans *Électre*, acte II, scène 7. Les deux personnages ainsi rapprochés ont en commun d'être des jouisseurs.

20 HECTOR. Vous venez de dire à Pâris que vous n'y retourneriez jamais.

HÉLÈNE. Il m'a priée de le dire. J'adore obéir à Pâris.

HECTOR. Je vois. C'est comme pour Ménélas. Vous ne le haïssez pas ?

25 HÉLÈNE. Pourquoi le haïrais-je ?

HECTOR. Pour la seule raison qui fasse vraiment haïr. Vous l'avez trop vu.

HÉLÈNE. Ménélas ? Oh ! non ! Je n'ai jamais bien vu Ménélas, ce qui s'appelle vu. Au contraire.

30 HECTOR. Votre mari ?

HÉLÈNE. Entre les objets et les êtres, certains sont colorés pour moi. Ceux-là je les vois. Je crois en eux. Je n'ai jamais bien pu voir Ménélas[1].

HECTOR. Il a dû pourtant s'approcher très près.

35 HÉLÈNE. J'ai pu le toucher. Je ne peux pas dire que je l'ai vu.

HECTOR. On dit qu'il ne vous quittait pas.

HÉLÈNE. Évidemment. J'ai dû le traverser bien des fois sans m'en douter.

40 HECTOR. Tandis que vous avez vu Pâris ?

HÉLÈNE. Sur le ciel, sur le sol, comme une découpure.

---

1. **Voir Ménélas** : le thème de la vue des petits détails quotidiens chez un mari pris en grippe se retrouvera dans les deux personnages d'Agathe (acte II, scène 6) et de Clytemnestre (acte II, scène 8) dans *Électre* : la barbe bouclée et le petit doigt levé d'Agamemnon en restent le symbole. Le thème des êtres « colorés » s'y retrouve aussi, dans la tirade d'Égisthe, sur ceux qui « font signe », acte I, scène 3.

Repères

• L'arrivée d'Hélène est enfin annoncée à la fin de la scène précédente. Comment justifier, à votre avis, le retard supplémentaire causé par l'aparté entre Hélène et Pâris dans la scène 7 ?

• La rencontre d'Hélène et d'Hector est-elle importante pour faire avancer l'action ?

Observation

• Le spectateur connaît Hélène par les propos des autres personnages. Relevez et commentez ses premières répliques dans la scène 7. Que pensez-vous de son comportement ?

• Dans la scène 8, appréciez la question d'ouverture : quel ton introduit-elle ? Vous paraît-elle une entrée en matière habile dans une conversation si lourde de conséquences ?

• Étudiez le tableau qu'Hélène fait de la Grèce. Quel sentiment dévoile-t-il ? Dégagez l'humour dont il est empreint : qui s'exprime à travers le personnage ?

• Relevez les occurrences du verbe *voir*. Analysez ses variations sémantiques. Montrez que l'emploi de ce verbe crée un lien thématique entre les deux premières parties de la scène.

• Précisez comment, à travers la répétition de ce verbe, on peut définir la relation que le personnage instaure avec autrui.

• Le verbe *aimer* est-il employé par les deux personnages dans le même sens ? Quelle différence introduit la notion de « plaisir » ? Quel paradoxe le personnage d'Hélène avance-t-il ?

• Pourquoi Hector lui coupe-t-il la parole à la fin de la scène ?

Interprétations

• Caractérisez le comportement d'Hélène dans chacune des scènes : quels aspects contradictoires pouvez-vous dégager ? Quelle image du personnage se dessine pour le spectateur ?

• À travers le jeu des questions d'Hector et des réponses d'Hélène s'affrontent deux conceptions des relations humaines : différenciez-les. Laquelle vous semble la plus accessible ?

• Comment définiriez-vous le ton particulier de la scène 8 ?

HECTOR. Il s'y découpe encore. Regardez-le, là-bas, adossé au rempart.

HÉLÈNE. Vous êtes sûr que c'est Pâris, là-bas ?

45 HECTOR. C'est lui qui vous attend.

HÉLÈNE. Tiens ! il est beaucoup moins net !

HECTOR. Le mur est cependant passé à la chaux fraîche. Tenez, le voilà de profil !

HÉLÈNE. C'est curieux comme ceux qui vous attendent se 50 découpent moins bien que ceux que l'on attend !

HECTOR. Vous êtes sûre qu'il vous aime, Pâris ?

HÉLÈNE. Je n'aime pas beaucoup connaître les sentiments des autres. Rien ne gêne comme cela. C'est comme au jeu quand on voit dans le jeu de l'adversaire. On est sûr de 55 perdre.

HECTOR. Et vous, vous l'aimez ?

HÉLÈNE. Je n'aime pas beaucoup connaître non plus mes propres sentiments.

HECTOR. Voyons ! Quand vous venez d'aimer Pâris, qu'il 60 s'assoupit dans vos bras, quand vous êtes encore ceinturée par Pâris, comblée par Pâris, vous n'avez aucune pensée ?

HÉLÈNE. Mon rôle est fini. Je laisse l'univers penser à ma place[1]. Cela, il le fait mieux que moi.

HECTOR. Mais le plaisir vous rattache bien à quelqu'un, aux 65 autres ou à vous-même.

---

1. **Penser à ma place** : le thème de la spéculation scolastique sur l'âme des femmes resurgira dans les revendications d'Agathe (*Électre*, acte I, scène 8).

HÉLÈNE. Je connais surtout le plaisir des autres... Il m'éloigne des deux...

HECTOR. Il y a eu beaucoup de ces autres, avant Pâris ?

HÉLÈNE. Quelques-uns.

70 HECTOR. Et il y en aura d'autres après lui, n'est-ce pas, pourvu qu'ils se découpent sur l'horizon, sur le mur ou sur le drap[1] ? C'est bien ce que je supposais. Vous n'aimez pas Pâris, Hélène. Vous aimez les hommes !

HÉLÈNE. Je ne les déteste pas. C'est agréable de les frotter 75 contre soi comme de grands savons. On en est toute pure...

HECTOR. Cassandre ! Cassandre !

SCÈNE 9. HÉLÈNE, CASSANDRE, HECTOR.

CASSANDRE. Qu'y a-t-il ?

HECTOR. Tu me fais rire. Ce sont toujours les devineresses qui questionnent.

CASSANDRE. Pourquoi m'appelles-tu ?

5 HECTOR. Cassandre, Hélène repart ce soir avec l'envoyé grec.

HÉLÈNE. Moi ? Que contez-vous là ?

HECTOR. Vous ne venez pas de me dire que vous n'aimez pas très particulièrement Pâris ?

---

1. **Sur l'horizon, sur le mur ou sur le drap** : Hector reprend ironiquement les deux termes d'Hélène (« sur le ciel, sur le sol ») en leur donnant un rythme ternaire. Le troisième terme ajouté à la série qui part du lointain pour se rapprocher de plus en plus, permet de terminer par le lit de l'adultère, dans le style de l'opérette.

10 HÉLÈNE. Vous interprétez. Enfin, si vous voulez.

HECTOR. Je cite mes auteurs. Que vous aimez surtout frotter les hommes contre vous comme de grands savons ?

HÉLÈNE. Oui. Ou de la pierre ponce, si vous aimez mieux. Et alors ?

15 HECTOR. Et alors, entre ce retour vers la Grèce qui ne vous déplaît pas, et une catastrophe aussi redoutable que la guerre, vous hésiteriez à choisir ?

HÉLÈNE. Vous ne me comprenez pas du tout, Hector. Je n'hésite pas à choisir. Ce serait trop facile de dire : je fais
20 ceci, ou je fais cela, pour que ceci ou cela se fît. Vous avez découvert que je suis faible. Vous en êtes tout joyeux. L'homme qui découvre la faiblesse dans une femme, c'est le chasseur à midi qui découvre une source. Il s'en abreuve. Mais n'allez pourtant pas croire, parce que vous avez
25 convaincu la plus faible des femmes, que vous avez convaincu l'avenir. Ce n'est pas en manœuvrant des enfants qu'on détermine le destin...

HECTOR. Les subtilités et les riens grecs m'échappent[1].

HÉLÈNE. Il ne s'agit pas de subtilités et de riens. Il s'agit au
30 moins de monstres et de pyramides[2].

HECTOR. Choisissez-vous le départ, oui ou non ?

---

1. **Les riens grecs m'échappent** : allusion aux discussions des sophistes, aux paradoxes des philosophes, peut-être à la réponse d'Ulysse au Cyclope lui demandant son nom et à l'esprit qu'on appelait déjà dans l'Antiquité le « sel attique ».
2. **Pyramides** : l'allusion d'Hector au goût grec pour l'énigme entraîne une réponse qui renvoie à la solution de l'énigme de la Sphinx, monstre de la Thèbes grecque, donnée par Œdipe et probablement, par association d'idées (Sphinx et Thèbes d'Égypte), au terme *pyramides*. Dans les versions de la légende d'Hélène qui l'innocentaient (scène 4), elle était prisonnière en Égypte.

HÉLÈNE. Ne me brusquez pas... Je choisis les événements comme je choisis les objets et les hommes. Je choisis ceux qui ne sont pas pour moi des ombres. Je choisis ceux que je vois.

35 HECTOR. Je sais, vous l'avez dit : ceux que vous voyez colorés[1]. Et vous ne vous voyez pas rentrant dans quelques jours au palais de Ménélas ?

HÉLÈNE. Non. Difficilement.

HECTOR. On peut habiller votre mari très brillant[2] pour ce 40 retour.

HÉLÈNE. Toute la pourpre[3] de toutes les coquilles ne me le rendrait pas visible.

HECTOR. Voici ta concurrente, Cassandre. Celle-là aussi lit l'avenir.

45 HÉLÈNE. Je ne lis pas l'avenir. Mais, dans cet avenir, je vois des scènes colorées, d'autres ternes. Jusqu'ici ce sont toujours les scènes colorées qui ont eu lieu.

HECTOR. Nous allons vous remettre aux Grecs en plein midi, sur le sable aveuglant, entre la mer violette[4] et le mur 50 ocre. Nous serons tous en cuirasses d'or à jupe rouge, et entre mon étalon blanc et la jument noire de Priam, mes sœurs en

---

1. **Colorés** : voir scène 8, note 1, p. 88.
2. **Brillant** : l'adjectif est employé ici comme attribut de l'objet (valeur « proleptique » : les habits le rendent brillant).
3. **Pourpre** : matière colorante rouge foncé extraite d'un mollusque du même nom, spécialité de Tyr. Le vers 957 de l'*Agamemnon* d'Eschyle fait allusion au tapis de pourpre tyrienne sur lequel Agamemnon marche au moment de son retour, signe d'*hybris* (démesure) qui justifiera symboliquement son châtiment. Le rouge a ici une valeur symbolique analogue.
4. **La mer violette** : reprise d'une formule homérique.

peplum[1] vert vous remettront nue à l'ambassadeur grec, dont je devine, au-dessus du casque d'argent, le plumet amarante[2]. Vous voyez cela, je pense ?

55 HÉLÈNE. Non, du tout. C'est tout sombre.

HECTOR. Vous vous moquez de moi, n'est-ce pas ?

HÉLÈNE. Me moquer, pourquoi ? Allons ! Partons, si vous voulez ! Allons nous préparer pour ma remise aux Grecs. Nous verrons bien.

60 HECTOR. Vous doutez-vous que vous insultez l'humanité, ou est-ce inconscient ?

HÉLÈNE. J'insulte quoi ?

HECTOR. Vous doutez-vous que votre album de chromos[3] est la dérision du monde ? Alors que tous ici nous nous battons, nous nous sacrifions pour fabriquer une heure qui soit à nous, vous êtes là à feuilleter vos gravures prêtes de toute éternité !... Qu'avez-vous ? À laquelle vous arrêtez-vous avec ces yeux aveugles ? À celle sans doute où vous êtes sur ce même rempart, contemplant la bataille[4] ? Vous la voyez, la bataille ?

70 HÉLÈNE. Oui.

---

1. **Peplum** : tunique sans manche qui s'agrafait sur l'épaule. La substitution du terme latin au terme grec (*peplos*) va dans le même sens que celle de *Vénus* à Aphrodite (scène 4, note 2, p. 59), peut-être avec une connotation ironique due au fait que le *peplum* est devenu le nom d'un genre cinématographique très en vogue dans la première partie du XXᵉ siècle, avec quelques *Hélène* en particulier.
2. **Amarante** : il s'agit à l'origine d'une plante donnant une teinture de couleur voisine de celle de la pourpre.
3. **Chromos** : ce mot, par abréviation de *chromolithographie*, désigne des dessins en plusieurs couleurs, souvent naïfs et de mauvaise qualité, d'où sa valeur le plus souvent péjorative, comme ici.
4. **Contemplant la bataille** : encore une allusion à la scène de la vision des remparts dans le chant III de l'*Iliade*.

Hector. Et la ville s'effondre ou brûle[1], n'est-ce pas ?

Hélène. Oui. C'est rouge vif.

Hector. Et Pâris ? Vous voyez le cadavre de Pâris traîné
75 derrière un char ?

Hélène. Ah ! vous croyez que c'est Pâris ? Je vois en effet
un morceau d'aurore qui roule dans la poussière. Un diamant
à sa main étincelle... Mais oui !... Je reconnais souvent mal
les visages, mais toujours les bijoux. C'est bien sa bague[2].

80 Hector. Parfait... Je n'ose vous questionner sur Andromaque et sur moi... sur le groupe Andromaque-Hector...
Vous le voyez ! Ne niez pas. Comment le voyez-vous ? Heureux, vieilli, luisant ?

Hélène. Je n'essaye pas de le voir.

85 Hector. Et le groupe Andromaque pleurant sur le corps
d'Hector[3], il luit ?

Hélène. Vous savez, je peux très bien voir luisant, extra-
ordinairement luisant, et qu'il n'arrive rien. Personne n'est
infaillible.

90 Hector. N'insistez pas. Je comprends... Il y a un fils entre
la mère qui pleure et le père étendu ?

---

1. **Brûle** : l'incendie de Troie n'est pas décrit dans l'*Iliade*, mais devait faire
partie des récits du Cycle troyen. On le connaît surtout par les tragédies
d'Euripide et par les allusions de Virgile dans l'*Énéide*.
2. **Sa bague** : dans l'*Iliade*, c'est le cadavre d'Hector qui est traîné dans la
poussière par Achille, au début du chant XXIII. On peut s'interroger sur la
psychologie d'Hélène selon Giraudoux (ment-elle ou non, et pour quelle
raison ?). La scène 10 montrera qu'elle est loin de révéler franchement ses
visions à Hector...
3. **Sur le corps d'Hector** : allusion au passage célèbre de l'*Iliade,* XXIV, vers
723 et suivants, dans lequel après Andromaque, Hécube et Hélène elle-même
se lamentent sur le cadavre d'Hector. Un célèbre tableau de David (musée Fabre
de Montpellier) représente peut-être le cadavre d'Hector.

HÉLÈNE. Oui... Il joue avec les cheveux emmêlés du père... Il est charmant.

HECTOR. Et elles sont au fond de vos yeux ces scènes ? On
95 peut les y voir ?

HÉLÈNE. Je ne sais pas. Regardez.

HECTOR. Plus rien ! Plus rien que la cendre de tous ces incendies, l'émeraude et l'or en poudre ! Qu'elle est pure, la lentille[1] du monde ! Ce ne sont pourtant pas les pleurs qui
100 doivent la laver... Tu pleurerais, si on allait te tuer, Hélène[2] ?

HÉLÈNE. Je ne sais pas. Mais je crierais. Et je sens que je vais crier, si vous continuez ainsi, Hector... Je vais crier.

HECTOR. Tu repartiras ce soir pour la Grèce, Hélène, ou je te tue.

105 HÉLÈNE. Mais je veux bien partir ! Je suis prête à partir. Je vous répète seulement que je ne peux arriver à rien distinguer du navire qui m'emportera. Je ne vois scintiller ni la ferrure du mât de misaine[3], ni l'anneau du nez du capitaine, ni le blanc de l'œil du mousse.

110 HECTOR. Tu rentreras sur une mer grise, sous un soleil gris. Mais il nous faut la paix.

HÉLÈNE. Je ne vois pas la paix.

HECTOR. Demande à Cassandre de te la montrer. Elle est sorcière. Elle évoque formes et génies.

---

1. **Lentille** : terme anatomique et optique employé au sens propre ici.
2. **Te tuer, Hélène** : on note le passage soudain par Hector, peut-être brutal, du *vous* au *tu*, alors qu'Hélène continue à le vouvoyer.
3. **Mât de misaine** : mât situé à l'avant d'un navire. Dans la série ternaire, il est possible que l'anneau du nez du capitaine renvoie à la question sur l'âge du capitaine par laquelle on se moque rituellement de certains problèmes de mathématiques.

115 UN MESSAGER. Hector, Priam te réclame ! Les prêtres s'opposent à ce que l'on ferme les portes de la guerre ! Ils disent que les dieux y verraient une insulte.

HECTOR. C'est curieux comme les dieux s'abstiennent de parler eux-mêmes dans les cas difficiles.

120 LE MESSAGER. Ils ont parlé eux-mêmes. La foudre est tombée sur le temple, et les entrailles des victimes[1] sont contre le renvoi d'Hélène.

HECTOR. Je donnerais beaucoup pour consulter aussi les entrailles des prêtres... Je te suis.

125 *Le guerrier sort.*

HECTOR. Ainsi, vous êtes d'accord, Hélène ?

HÉLÈNE. Oui.

HECTOR. Vous direz désormais ce que je vous dirai de dire ? Vous ferez ce que je vous dirai de faire ?

130 HÉLÈNE. Oui.

HECTOR. Devant Ulysse, vous ne me contredirez pas, vous abonderez dans mon sens ?

HÉLÈNE. Oui.

HECTOR. Écoute-la, Cassandre. Écoute ce bloc de négation
135 qui dit oui ! Tous m'ont cédé. Pâris m'a cédé, Priam m'a cédé, Hélène me cède. Et je sens qu'au contraire dans chacune de ces victoires apparentes, j'ai perdu. On croit lutter contre des géants, on va les vaincre, et il se trouve qu'on lutte contre quelque chose d'inflexible qui est un reflet sur la rétine d'une

---

1. **Les entrailles des victimes** : allusion à la technique de divination par l'examen des entrailles d'animaux sacrifiés, le foie en particulier, dans l'Antiquité grecque et romaine, et au fait que les textes anciens suggèrent parfois que l'on faisait « parler » les présages au gré des intérêts en cause.

140 femme. Tu as beau me dire oui, Hélène, tu es comble d'une obstination qui me nargue !

HÉLÈNE. C'est possible. Mais je n'y peux rien. Ce n'est pas la mienne.

HECTOR. Par quelle divagation le monde a-t-il été placer son
145 miroir dans cette tête obtuse [1] ?

HÉLÈNE. C'est regrettable, évidemment. Mais vous voyez un moyen de vaincre l'obstination des miroirs ?

HECTOR. Oui. C'est à cela que je songe depuis un moment.

HÉLÈNE. Si on les brise, ce qu'ils reflétaient n'en demeure
150 peut-être pas moins ?

HECTOR. C'est là toute la question.

AUTRE MESSAGER. Hector, hâte-toi. La plage est en révolte. Les navires des Grecs sont en vue, et ils ont hissé leur pavillon non au ramat mais à l'écoutière [2] L'honneur de notre marine
155 est en jeu. Priam craint que l'envoyé ne soit massacré à son débarquement.

HECTOR. Je te confie Hélène, Cassandre. J'enverrai mes ordres.

---

1. Obtuse : bornée.
2. Ramat, écoutière : deux mots inventés plaisamment par Giraudoux à partir de termes de marine existants (*écoute, écoutilles*, allemand *Rabmast*) et peut-être de ses études concernant Homère. Il avait inventé de tels termes techniques déjà dans *Elpénor*.

SCÈNE 10. HÉLÈNE, CASSANDRE.

CASSANDRE. Moi je ne vois rien, coloré ou terne[1]. Mais chaque être pèse sur moi par son approche même. À l'angoisse de mes veines, je sens son destin.

HÉLÈNE. Moi, dans mes scènes colorées, je vois quelquefois
5 un détail plus étincelant encore que les autres. Je ne l'ai pas dit à Hector. Mais le cou de son fils est illuminé, la place du cou où bat l'artère[2]...

CASSANDRE. Moi, je suis comme un aveugle qui va à tâtons. Mais c'est au milieu de la vérité que je suis aveugle[3]. Eux
10 tous voient, et ils voient le mensonge. Je tâte la vérité.

HÉLÈNE. Notre avantage, c'est que nos visions se confondent avec nos souvenirs, l'avenir avec le passé ! On devient moins sensible... C'est vrai que vous êtes sorcière, que vous pouvez évoquer la paix ?

15 CASSANDRE. La Paix ? Très facile. Elle écoute en mendiante derrière chaque porte... La voilà.

La Paix apparaît[4].

HÉLÈNE. Comme elle est jolie !

LA PAIX. Au secours, Hélène, aide-moi !

20 HÉLÈNE. Mais comme elle est pâle.

---

1. **Ou terne** : paradoxalement, la prophétesse pose des questions (début de la scène 9) et ne voit rien (mais elle « sent »), alors qu'Hélène a des visons...
2. **Où bat l'artère...** : Hélène semble ne pas pouvoir décrire sa vision jusqu'au bout, phénomène rhétorique de la *réticence*. Le contenu de la vision vient des représentations attribuées à Andromaque dans l'*Iliade* (XXIV, 735) et de leur réalisation dans le théâtre d'Euripide (*Andromaque* et *Les Troyennes*).
3. **Aveugle** : il est fréquent dans la tradition grecque que les devins (Tirésias dans l'histoire d'Œdipe) soient aveugles, avec une valeur symbolique.
4. **La Paix apparaît** : l'apparition de la Paix sur une scène renvoie inévitablement au cycle des comédies politiques d'Aristophane (*Lysistrata*, *L'Assemblée des femmes* et *La Paix*).

LA PAIX. Je suis pâle ? Comment, pâle ! Tu ne vois pas cet or dans mes cheveux ?

HÉLÈNE. Tiens, de l'or gris ? C'est une nouveauté [1]...

LA PAIX. De l'or gris ! Mon or est gris ?

25 *La Paix disparaît.*

HÉLÈNE. Elle a disparu ?

CASSANDRE. Je pense qu'elle se met un peu de rouge.
La Paix reparaît, outrageusement fardée.

LA PAIX. Et comme cela ?

30 HÉLÈNE. Je la vois de moins en moins.

LA PAIX. Et comme cela ?

CASSANDRE. Hélène ne te voit pas davantage.

LA PAIX. Tu me vois, toi, puisque tu me parles !

CASSANDRE. C'est ma spécialité de parler à l'invisible.

35 LA PAIX. Que se passe-t-il donc ? Pourquoi les hommes dans la ville et sur la plage poussent-ils ces cris ?

CASSANDRE. Il paraît que leurs dieux entrent dans le jeu et aussi leur honneur [2].

LA PAIX. Leurs dieux ! Leur honneur !

40 CASSANDRE. Oui... Tu es malade !
Le rideau tombe.

---

1. **Or gris... nouveauté** : alliage d'or, d'argent et autres métaux, nouveauté de l'orfèvrerie en vogue dans l'entre-deux-guerres. La couleur grise fait écho aux paroles d'Hector dans la scène 9 : « Tu rentreras sur une mer grise, sous un soleil gris. »
2. **Leurs dieux, leur honneur** : le « Il paraît » et le pronom possessif « leur(s) » de Cassandre suggèrent que ce sont les *mots* de « dieux » et « honneur » qui entrent en jeu et qui sont invoqués.

REPÈRES

• Pourquoi Cassandre entre-t-elle en scène ?
• Quelle scène antérieure annonce le don de « devineresse » de Cassandre ?
• En quoi la scène 10 est-elle un prolongement de la scène 9 ?

OBSERVATION

• Montrez, en faisant le plan de la scène 9, que c'est la question du départ d'Hélène pour la Grèce qui la structure.
• Relevez les différences de formulation et de ton lorsque Hector parle du départ d'Hélène. Quelle progression de ses sentiments cela traduit-il ?
• Dans cette scène, Hélène s'oppose à Hector. Pourquoi ? En étudiant ses répliques, vous direz si elle lui est hostile.
• Quelles différences essentielles séparent ces deux personnages ?
• Montrez que le destin se manifeste à travers Hélène.
• Relevez les métaphores qui révèlent qu'Hélène est en harmonie avec le monde.
• Étudiez le champ lexical de la vision dans la scène.
• Hector accuse Hélène de vivre dans « un album de chromos », (l. 63), mais n'est-ce pas lui qui l'utilise le plus ? Pourquoi ?
• Cassandre et Hélène ont-elles les mêmes dons ? Font-elles appel au même sens pour prévoir l'avenir ?
• Cassandre et Hélène ont-elles la même réaction à l'apparition de la Paix dans la scène 10 ?
• Comment la Paix apparaît-elle dans la scène 10 ? Qu'en déduisez-vous ?

INTERPRÉTATIONS

• Hélène se soumet à la volonté d'Hector, comme elle s'est soumise, à la scène 7, à celle, contraire, de Pâris. Que peut-on en conclure sur le personnage ?
• Hector a-t-il remporté la victoire de la paix ? Quelles menaces pèsent sur Troie ? Quelles paroles d'Hector montrent qu'il en est conscient ?
• Pourquoi Cassandre est-elle silencieuse dans la scène 9 ?
• Quel est le double intérêt des scènes 9 et 10 ?
• En quoi la dernière scène permet-elle de prévoir la suite ? Quelle est sa tonalité ?

Bilan de l'action

L'acte I se déroule dans la ville de Troie et se caractérise par une atmosphère d'attente symbolisée par le décor. La terrasse des remparts extérieurs, s'ouvrant sur un étagement de fortifications, représente le lieu de passage, de rencontre, et la protection contre l'ennemi. Andromaque est suspendue à l'arrivée d'Hector, et tout l'acte s'organise autour de l'action du héros. Hector est d'abord informé par Andromaque de l'imminence d'un conflit si Hélène n'est pas rendue aux Grecs et, à partir de la scène 4, il déploie ses efforts pour convaincre l'ensemble des intéressés. Il convoque d'abord Pâris, qui refuse d'obtempérer, mais accepte de s'en remettre à l'avis de Priam. Il s'adresse ensuite à son père pour l'inviter à préparer la cérémonie qui doit mettre un terme définitif à la guerre : cette scène est l'occasion d'un déploiement de discours sur la beauté, la femme et la guerre, et définit deux camps, celui des bellicistes, qui comprend Priam et les Vieillards, celui des pacifistes, essentiellement féminin, avec Hector comme chef incontesté. La décision de rendre Hélène est soumise à une condition, son accord personnel. Une deuxième étape s'ouvre avec l'apparition du personnage d'Hélène et son dialogue avec Hector. Ce dernier obtient avec difficulté un accord de pure forme, dont il perçoit la fragilité, et qui le laisse insatisfait. Son inquiétude est confirmée au spectateur par l'évocation de la Paix malade, qui augure mal de la suite des événements.

Les personnages : un choix féministe

La pièce s'ouvre sur un dialogue féminin entre Andromaque et Cassandre. On note d'emblée l'originalité de Giraudoux, qui choisit d'introduire le sujet de la guerre à travers le regard de l'épouse et de la sœur. L'alternance dans l'arrivée des personnages est également éclairante. Les trois premières scènes en effet sont centrées autour du personnage d'Andromaque, qui s'adresse tour à tour à Cassandre, puis à Hector, et elles donnent une vision intime du drame qui se prépare. À partir de la scène 4, le cercle familial s'élargit en faisant intervenir le frère d'Hector, Pâris, puis les Vieillards, la famille entière de Priam, enfin Demokos. L'auteur met ainsi en évidence l'importance du regard masculin braqué sur Hélène, et l'on voit se développer le discours de plusieurs générations d'hommes, des adultes (Hector et Pâris) aux vieillards, sous le regard innocent de la petite Polyxène. Une typologie se dessine, qui représente un éventail social, le guerrier Hector, le roi Priam, le Poète et le Géomètre : la convergence des points de vue admiratifs est étonnante, et ne trouve qu'un seul contradicteur dans le personnage d'Hector. Hélène n'apparaît qu'à la scène 7, et sa présence conclut l'acte sur une série de trois scènes, où elle dialogue successivement avec Pâris, Hector et Cassandre. L'ensemble de l'acte I propose donc une construction en équilibre, où le regard masculin contrebalance le regard féminin, et un jeu de symétrie dans les interventions d'Andromaque et Hélène, placées au début et à la fin. Le regard féminin l'emporte, car la pièce s'ouvre sur l'opposition du dialogue entre Andromaque et Cassandre, et elle se ferme sur l'incertitude créée par l'énigmatique personnage d'Hélène. L'action a progressé dans un sens positif, grâce à l'autorité et la conviction d'Hector, mais l'inquiétude persiste et se concrétise même avec le témoignage de Cassandre et l'apparition de la Paix malade.

Mythe et modernité

La pièce traite un sujet antique, mais la modernité du ton frappe dès les premières répliques. La première, « La guerre de Troie n'aura pas lieu », inscrit l'intrigue dans une perspective virtuelle de réécriture de l'histoire ; la deuxième, « Je te tiens un pari », renvoie à un univers quotidien et familier, où s'échangent des bons mots dans une atmosphère d'insouciance. Le ton est donné, qui est caractéristique de l'ensemble du premier acte. La distance avec le mythe est ainsi creusée. L'auteur s'inspire seulement des données antiques pour en donner une version renouvelée. Il modifie les situations, en imaginant un univers quotidien antérieur à la guerre de Troie, dans lequel il place des conversations familiales entre époux ou frères et sœurs. La scène des retrouvailles entre Hector et Andromaque se différencie de l'épisode homérique (*Iliade*, chant VI, vers 404-496). Il ne s'agit plus d'adieux avant le combat funeste, avec la présence tendre et pathétique du jeune Astyanax, mais d'un retour de la guerre, et d'une rencontre à la fois grave et joyeuse entre deux époux qui partagent l'émotion d'une naissance prochaine. Dans une scène pleine de saveur, Pâris est représenté comme un beau jeune homme insouciant, amateur de farces audacieuses et de jolies femmes, rongeant son frein sous la férule d'un aîné écrasant par son autorité. Les personnages des Vieillards sont désacralisés, ils donnent un spectacle ridicule, en courant, essoufflés, sur les remparts, et la carica-ture qu'ils représentent s'éloigne totalement de la référence grave et solennelle des vers homériques (*Iliade*, chant III, vers 156-160) et du célèbre sonnet de Ronsard « Il ne faut s'ébahir, disaient ces bons vieillards » (*Sonnets pour*

Hélène, II, LXVII). Enfin le personnage d'Hélène est enrichi par rapport à la tradition antique. Elle apparaît, chez Homère, comme un témoin, sur les remparts, montrant les guerriers grecs aux habitants de Troie. Mais elle est surtout représentée comme faisant l'objet de l'animosité des Troyens, malgré son intervention dans le cheval de Troie pour imiter les voix des femmes grecques et pousser les soldats grecs à se trahir. Dans l'acte I de la pièce de Giraudoux, elle évolue dans des situations plus délicates, d'ordre privé avec Pâris, ou dans l'affrontement avec Hector. L'auteur la place devant ses propres responsabilités, mais ne s'appesantit pas sur des remords ou des revendications individualistes. Il donne, à travers ses répliques, une image nuancée et inattendue, créant ainsi la personnalité la plus originale de la pièce, faite d'hésitation et de mystère, de préciosité et d'humour, digne de figurer dans la galerie des portraits de l'éternel féminin.

ACTE II

Square clos de palais. À chaque angle, échappée sur la mer.
Au centre un monument, les portes de la guerre. Elles sont
grandes ouvertes[1].

SCÈNE PREMIÈRE. HÉLÈNE, LE JEUNE TROÏLUS[2].

HÉLÈNE. Hé, là-bas ! Oui, c'est toi que j'appelle !...
Approche !

TROÏLUS. Non.

HÉLÈNE. Comment t'appelles-tu ?

5 TROÏLUS. Troïlus.

HÉLÈNE. Viens ici !

TROÏLUS. Non.

HÉLÈNE. Viens ici, Troïlus !... *(Troïlus approche.)* Ah ! te
voilà ! Tu obéis quand on t'appelle par ton nom : tu es encore
10 très lévrier. C'est d'ailleurs gentil. Tu sais que tu m'obliges
pour la première fois à crier, en parlant à un homme ? Ils
sont toujours tellement collés à moi que je n'ai qu'à bouger
les lèvres. J'ai crié à des mouettes, à des biches, à l'écho,

---

1. **Ouvertes** : détail dont la valeur symbolique est claire (voir acte I, scène 3,
note 5, p. 49 et sc. 6, note 2, p. 69).
2. La participation du personnage de Troïlus implique qu'aux références déjà
évoquées (Homère, l'*Orestie*, le théâtre d'Euripide, Aristophane...) s'ajoute
Shakespeare, et en particulier *Troïlus et Cressida*.

jamais à un homme. Tu me paieras cela... Qu'as-tu ? Tu
15 trembles ?

TROÏLUS. Je ne tremble pas.

HÉLÈNE. Tu trembles, Troïlus.

TROÏLUS. Oui, je tremble.

HÉLÈNE. Pourquoi es-tu toujours derrière moi ? Quand je
20 vais dos au soleil et que je m'arrête, la tête de ton ombre bute
toujours contre mes pieds. C'est tout juste si elle ne les
dépasse pas. Dis-moi ce que tu veux...

TROÏLUS. Je ne veux rien.

HÉLÈNE. Dis-moi ce que tu veux, Troïlus !

25 TROÏLUS. Tout ! Je veux tout !

HÉLÈNE. Tu veux tout. La lune ?

TROÏLUS. Tout ! Plus que tout !

HÉLÈNE. Tu parles déjà comme un vrai homme : tu veux
m'embrasser, quoi !

30 TROÏLUS. Non !

HÉLÈNE. Tu veux m'embrasser, n'est-ce pas, mon petit
Troïlus ?

TROÏLUS. Je me tuerais aussitôt après !

HÉLÈNE. Approche... Quel âge as-tu ?

35 TROÏLUS. Quinze ans... Hélas !

HÉLÈNE. Bravo pour hélas... Tu as déjà embrassé des jeunes
filles ?

TROÏLUS. Je les hais.

HÉLÈNE. Tu en as déjà embrassé ?

40 TROÏLUS. On les embrasse toutes. Je donnerais ma vie pour n'en avoir embrassé aucune.

HÉLÈNE. Tu me sembles disposer d'un nombre considérable d'existences. Pourquoi ne m'as-tu pas dit franchement : Hélène, je veux vous embrasser !... Je ne vois aucun mal à ce
45 que tu m'embrasses... Embrasse-moi.

TROÏLUS. Jamais.

HÉLÈNE. À la fin du jour, quand je m'assieds aux créneaux pour voir le couchant sur les îles[1], tu serais arrivé doucement, tu aurais tourné ma tête vers toi avec tes mains – de
50 dorée, elle serait devenue sombre, tu l'aurais moins bien vue évidemment – et tu m'aurais embrassée, j'aurais été très contente... Tiens, me serais-je dit, le petit Troïlus m'embrasse !... Embrasse-moi.

TROÏLUS. Jamais.

55 HÉLÈNE. Je vois. Tu me haïrais si tu m'avais embrassée ?

TROÏLUS. Ah ! Les hommes ont bien de la chance d'arriver à dire ce qu'ils veulent dire[2] !

HÉLÈNE. Toi, tu le dis assez bien.

---

1. **Le couchant sur les îles** : Troie était traditionnellement située en Anatolie occidentale, non loin de la côte, situation géographique que les fouilles de Schliemann ont confirmée : on peut voir depuis là certaines îles du nord de la mer Égée.
2. **Dire ce qu'ils veulent dire** : toujours le problème du langage. Dans *Intermezzo*, le Contrôleur se plaint de dire le contraire de ce qu'il veut exprimer.

Scène 2. Hélène, Pâris, Le jeune Troïlus.

PÂRIS. Méfie-toi, Hélène. Troïlus est un dangereux personnage.

HÉLÈNE. Au contraire. Il veut m'embrasser.

PÂRIS. Troïlus, tu sais que si tu embrasses Hélène, je te tue !

5 HÉLÈNE. Cela lui est égal de mourir, même plusieurs fois.

PÂRIS. Qu'est-ce qu'il a ? Il prend son élan ?... Il va bondir sur toi ?... Il est trop gentil ! Embrasse Hélène, Troïlus. Je te le permets.

HÉLÈNE. Si tu l'y décides, tu es plus malin que moi.

10 *Troïlus qui allait se précipiter sur Hélène s'écarte aussitôt.*

PÂRIS. Écoute, Troïlus ! Voici nos vénérables qui arrivent en corps pour fermer les portes de la guerre... Embrasse Hélène devant eux : tu seras célèbre. Tu veux être célèbre, plus tard, dans la vie ?

15 TROÏLUS. Non. Inconnu.

PÂRIS. Tu ne veux pas devenir célèbre ? Tu ne veux pas être riche, puissant ?

TROÏLUS. Non. Pauvre. Laid.

PÂRIS. Laisse-moi finir !... Pour avoir toutes les femmes !

20 TROÏLUS. Je n'en veux aucune, aucune !

PÂRIS. Voilà nos sénateurs ! Tu as à choisir : ou tu embrasseras Hélène devant eux, ou c'est moi qui l'embrasse devant toi. Tu préfères que ce soit moi ? Très bien ! Regarde !... Oh ! Quel est ce baiser inédit que tu me donnes, Hélène ?

HÉLÈNE. Le baiser destiné à Troïlus.

PÂRIS. Tu ne sais pas ce que tu perds, mon enfant ! Oh ! tu t'en vas ? Bonsoir !

HÉLÈNE. Nous nous embrasserons, Troïlus. Je t'en réponds. *Troïlus s'en va.* Troïlus !

30 PÂRIS, *un peu énervé.* Tu cries bien fort, Hélène !

SCÈNE 3. HÉLÈNE, DEMOKOS, PÂRIS.

DEMOKOS. Hélène, une minute ! Et regarde-moi bien en face. J'ai dans la main un magnifique oiseau que je vais lâcher... Là, tu y es ?... C'est cela... Arrange tes cheveux et souris un beau sourire[1].

5 PÂRIS. Je ne vois pas en quoi l'oiseau s'envolera mieux[2] si les cheveux d'Hélène bouffent et si elle fait son beau sourire.

HÉLÈNE. Cela ne peut pas me nuire en tout cas.

DEMOKOS. Ne bouge plus... Une ! Deux ! Trois ! Voilà[3]... c'est fait, tu peux partir...

10 HÉLÈNE. Et l'oiseau ?

DEMOKOS. C'est un oiseau qui sait se rendre invisible.

---

1. **Souris un beau sourire** : l'expression non usuelle en français a un peu l'air d'être imitée de la syntaxe de l'« accusatif d'objet interne » en grec.
2. **L'oiseau s'envolera mieux** : dans une note de l'édition de la Pléiade, Jacques Body précise que cette scène a été « inventée tardivement », la qualifie de scène du « photographe sans appareil » (p. 1512) et y voit un « double jeu d'anachronisme et d'illusionnisme ». À cette époque, avant le développement des appareils photographiques modernes, il fallait un temps de pose, que le photographe, caché sous un drap noir, comptait en disant souvent : « Le petit oiseau va sortir ! »
3. **Voilà !** : le « photographe » compte ici le temps de pose, ce qui fait comprendre rétrospectivement l'image de l'oiseau.

HÉLÈNE. La prochaine fois demande-lui sa recette.

Elle sort.

PÂRIS. Quelle est cette farce ?

15 DEMOKOS. Je compose un chant sur le visage d'Hélène. J'avais besoin de bien le contempler, de le graver dans ma mémoire[1] avec sourire et boucles. Il y est.

---

1. Le graver dans ma mémoire : apprécier la métaphore de l'*impression* ou gravure sur la pellicule.

REPÈRES

• Comparez le décor sur lequel s'ouvre le deuxième acte avec celui du premier acte. Quels éléments sont essentiels ? Quand ont-ils été évoqués dans l'acte I, et quelle est leur valeur symbolique ?

• Quel est le lien thématique entre ces trois scènes ? Que montre la fin de chaque scène ?

• Quels sont les éléments qui relient ces trois scènes à l'acte I ?

• Ces trois scènes font-elles progresser l'action ? Quelles précisions, dans les scènes 2 et 3, les relient à l'action principale ?

OBSERVATION

• Quelle attitude Hélène adopte-t-elle avec Troïlus ? Quels sentiments manifeste-t-elle tour à tour ? Quelles nouvelles facettes de son caractère nous révèle-t-elle ainsi ?

• Pour Hélène, le monde n'existe qu'à travers des visions « colorées ». À quel moment y a-t-elle recours, et pourquoi ?

• Observez les répliques de Troïlus. Quel effet produisent les répétitions, les contradictions ? Dans quelles contradictions est-il pris? Que signifie la dernière réplique d'Hélène, scène 1 ?

• Scène 2 : expliquez précisément comment Pâris se moque de Troïlus. Quel rôle joue-t-il face à l'adolescent ? Ne finit-il pas par perdre la partie, lui aussi ?

• Scène 3 : à quoi joue Demokos ? À quel art est-il fait une allusion anachronique ? Quel en est l'effet ?

• Relevez les traits comiques de la scène 3. N'y a-t-il pas cependant une menace latente ?

INTERPRÉTATIONS

• En quoi pourrait-on dire que Troïlus incarne l'adolescence et la pureté ? Et vous, qu'en pensez-vous ?

• Comparez les réactions des trois personnages masculins dans ces deux scènes. Quelle est l'intention de l'auteur ?

• Dans la scène 2, à quelle conception de la création artistique Giraudoux fait-il allusion ?

• Le ton badin de ces trois scènes vous paraît-il affaiblir le sens tragique de la pièce ? Quelle signification lui attribuez-vous ?

SCÈNE 4. DEMOKOS, PÂRIS, HÉCUBE, LA PETITE POLYXÈNE, ABNÉOS, LE GÉOMÈTRE, QUELQUES VIEILLARDS.

HÉCUBE. Enfin, vous allez nous la fermer, cette porte ?

DEMOKOS. Certainement non. Nous pouvons avoir à la rouvrir ce soir même.

HÉCUBE. Hector le veut. Il décidera Priam.

5 DEMOKOS. C'est ce que nous verrons. Je lui réserve d'ailleurs une surprise, à Hector !

LA PETITE POLYXÈNE. Où mène-t-elle, la porte, maman ?

ABNÉOS. À la guerre, mon enfant. Quand elle est ouverte, c'est qu'il y a la guerre.

10 DEMOKOS. Mes amis...

HÉCUBE. Guerre ou non, votre symbole est stupide. Cela fait tellement peu soigné, ces deux battants toujours ouverts ! Tous les chiens s'y arrêtent.

LE GÉOMÈTRE. Il ne s'agit pas de ménage. Il s'agit de la
15 guerre et des dieux.

HÉCUBE. C'est bien ce que je dis, les dieux ne savent pas fermer leurs portes.

LA PETITE POLYXÈNE. Moi, je les ferme très bien, n'est-ce pas, maman !

20 PÂRIS, *baisant les doigts de la petite Polyxène.* Tu te prends même les doigts en les fermant, chérie[1].

[1.] **Chérie** : le poète prête à Pâris le même comportement envers sa petite sœur – au moins verbalement – qu'envers toutes les femmes.

DEMOKOS. Puis-je enfin réclamer un peu de silence, Pâris ?...
Abnéos, et toi, Géomètre, et vous mes amis, si je vous ai
convoqués ici avant l'heure, c'est pour tenir notre premier
25 conseil. Et c'est de bon augure que ce premier conseil de
guerre ne soit pas celui des généraux, mais celui des intellectuels [1]. Car il ne suffit pas, à la guerre, de fourbir des armes
à nos soldats. Il est indispensable de porter au comble leur
enthousiasme. L'ivresse physique, que leurs chefs obtiendront
30 à l'instant de l'assaut par un vin à la résine [2] vigoureusement
placé, restera vis-à-vis des Grecs inefficiente, si elle ne se
double de l'ivresse morale que nous, les poètes, allons leur
verser. Puisque l'âge nous éloigne du combat, servons du
moins à le rendre sans merci. Je vois que tu as des idées là-
35 dessus, Abnéos, et je te donne la parole.

ABNÉOS. Oui. Il nous faut un chant de guerre.

DEMOKOS. Très juste. La guerre exige un chant de guerre.

PÂRIS. Nous nous en sommes passés jusqu'ici.

HÉCUBE. Elle chante assez fort elle-même...

40 ABNÉOS. Nous nous en sommes passés, parce que nous
n'avons jamais combattu que des Barbares. C'était de la
chasse. Le cor suffisait. Avec les Grecs, nous entrons dans un
domaine de guerre autrement relevé.

DEMOKOS. Très exact, Abnéos. Ils ne se battent pas avec
45 tout le monde.

PÂRIS. Nous avons déjà un chant national.

---

1. **Intellectuels** : terme moderne employé ironiquement par l'intellectuel qu'est
Giraudoux.
2. **Le vin à la résine** : procédé destiné à conserver le vin déjà utilisé dans
l'Antiquité. Il s'agit d'obtenir la « couleur locale » en même temps, comme le
signale une note de l'édition J. Body, que de rappeler au public l'usage du
« "pinard" de 1914 ».

ABNÉOS. Oui. Mais c'est un chant de paix.

PÂRIS. Il suffit de chanter un chant de paix avec grimace et gesticulation pour qu'il devienne un chant de guerre...
50 Quelles sont déjà les paroles du nôtre ?

ABNÉOS. Tu le sais bien. Anodines. – C'est nous qui fauchons les moissons, qui pressons le sang de la vigne[1] !

DEMOKOS. C'est tout au plus un chant de guerre contre les céréales. Vous n'effraierez pas les Spartiates en menaçant le
55 blé noir[2].

PÂRIS. Chante-le avec un javelot à la main et un mort à tes pieds, et tu verras.

HÉCUBE. Il y a le mot « sang », c'est toujours cela.

PÂRIS. Le mot « moisson » aussi. La guerre l'aime assez.

60 ABNÉOS. Pourquoi discuter, puisque Demokos peut nous en livrer un tout neuf dans les deux heures.

DEMOKOS. Deux heures, c'est un peu court.

HÉCUBE. N'aie aucune crainte, c'est plus qu'il ne te faut ! Et après le chant ce sera l'hymne, et après l'hymne la cantate.
65 Dès que la guerre est déclarée, impossible de tenir les poètes. La rime, c'est encore le meilleur tambour[3].

---

1. **Le sang de la vigne** : la métaphore est d'une certaine manière inverse de ce que l'on attend dans un chant national. Comparez le « vers » dit par Abnéos avec les « sillons » de la *Marseillaise* (voir la réplique d'Hécube, ligne 58, sur le mot « sang » et celle de Pâris sur le mot « moisson », ligne 59).

2. **Le blé noir** : allusion au brouet noir, sorte de bouillie dont se nourrissaient les Spartiates (réputés les plus frugaux et, à cause de leur héroïsme aux Thermopyles, les guerriers les plus valeureux d'entre les Grecs), et sans doute au « pain noir » que mangeaient les soldats allemands de 14-18.

3. **Hymne... tambour** : hymne est un mot d'origine grecque désignant un chant religieux (mais la « cantate » est d'origine italienne). La « rime » et le « tambour » sont tous deux anachroniques, voir déjà la fin de l'acte I, scène 6.

DEMOKOS. Et le plus utile, Hécube, tu ne crois pas si bien dire. Je la connais la guerre. Tant qu'elle n'est pas là, tant que ses portes sont fermées, libre à chacun de l'insulter et de
70 la honnir [1]. Elle dédaigne les affronts du temps de paix. Mais, dès qu'elle est présente, son orgueil est à vif, on ne gagne pas sa faveur, on ne la gagne que si on la complimente et la caresse [2]. C'est alors la mission de ceux qui savent parler et écrire, de louer la guerre, de l'aduler à chaque heure du jour,
75 de la flatter sans arrêt aux places claires ou équivoques de son énorme corps, sinon on se l'aliène. Voyez les officiers : Braves devant l'ennemi, lâches devant la guerre, c'est la devise des vrais généraux.

PÂRIS. Et tu as même déjà une idée pour ton chant ?

80 DEMOKOS. Une idée merveilleuse, que tu comprendras mieux que personne... Elle doit être lasse qu'on l'affuble de cheveux de Méduse, de lèvres de Gorgone [3]: j'ai l'idée de comparer son visage au visage d'Hélène. Elle sera ravie de cette ressemblance.

85 LA PETITE POLYXÈNE. À quoi ressemble-t-elle, la guerre, maman ?

HÉCUBE. À ta tante Hélène.

LA PETITE POLYXÈNE. Elle est bien jolie.

DEMOKOS. Donc, la discussion est close. Entendu pour le
90 chant de guerre. Pourquoi t'agiter, Géomètre ?

---

1. **Honnir** : dénoncer, vouer au mépris public.
2. **Caresse** : voir l'épigraphe d'*Adorable Clio* citée par l'édition J. Body en note : « Pardonne-moi, ô guerre, de t'avoir – toutes les fois où je l'ai pu – caressée.... »
3. **Méduse... Gorgone** : Méduse est dans la mythologie l'une des trois Gorgones, monstres à la chevelure faite de serpents et dont le regard pétrifiait les mortels qui les regardaient. Persée savait qu'il devait parvenir à tuer Méduse sans la regarder...

LE GÉOMÈTRE. Parce qu'il y a plus pressé que le chant de guerre, beaucoup plus pressé !

DEMOKOS. Tu veux dire les médailles, les fausses nouvelles ?

LE GÉOMÈTRE. Je veux dire les épithètes[1].

95 HÉCUBE. Les épithètes ?

LE GÉOMÈTRE. Avant de se lancer leurs javelots, les guerriers grecs se lancent des épithètes... Cousin de crapaud, se crient-ils ! Fils de bœuf[2]... Ils s'insultent, quoi ! Et ils ont raison. Ils savent que le corps est plus vulnérable quand
100 l'amour-propre est à vif. Des guerriers connus pour leur sang-froid le perdent illico quand on les traite de verrues ou de corps thyroïdes[3]. Nous autres Troyens manquons terriblement d'épithètes.

DEMOKOS. Le Géomètre a raison. Nous sommes vraiment
105 les seuls à ne pas insulter nos adversaires avant de les tuer...

PÂRIS. Tu ne crois pas suffisant que les civils s'insultent, Géomètre ?

LE GÉOMÈTRE. Les armées doivent partager les haines des civils. Tu les connais, sur ce point, elles sont décevantes.
110 Quand on les laisse à elles-mêmes, elles passent leur temps à

---

1. **Les épithètes** : la confusion entre les épithètes formulaires d'Homère (voir
« la mer violette » acte I, scène 9, note 4, p. 93) et les injures que s'adressent
les combattants sur le champ de bataille (d'un camp à l'autre mais aussi à
l'intérieur du même camp, celles d'Hector à Pâris étant justement des plus
savoureuses) ridiculisent à la fois le pédantisme et les prétentions du Géomètre.
2. **Cousin de crapaud... fils de bœuf** : ces deux insultes sont inventées par
Giraudoux, comme les noms de maladies de la suite. On trouve dans l'*Iliade*
des termes d'insulte du type « effronté, lâche, poltron », des assimilations à des
animaux comme la mouche, le chien ou la chienne, le cerf. Mazon traduit
kunôpa, adressé par Achille à Agamemnon, par « face de chien », qui pourrait
avoir inspiré le « fils de bœuf » du Géomètre.
3. **Corps thyroïdes** : glandes situées dans la trachée.

s'estimer. Leurs lignes déployées deviennent bientôt les seules lignes de vraie fraternité dans le monde [1], et du fond du champ de bataille, où règne une considération mutuelle, la haine est refoulée sur les écoles, les salons ou le petit
115 commerce. Si nos soldats ne sont pas au moins à égalité dans le combat d'épithètes, ils perdront tout goût à l'insulte, à la calomnie, et par suite immanquablement à la guerre.

DEMOKOS. Adopté ! Nous leur organiserons un concours dès ce soir.

120 PÂRIS. Je les crois assez grands pour les trouver eux-mêmes.

DEMOKOS. Quelle erreur ! Tu les trouverais de toi-même, tes épithètes, toi qui passes pour habile ?

PÂRIS. J'en suis persuadé.

DEMOKOS. Tu te fais des illusions. Mets-toi en face
125 d'Abnéos, et commence.

PÂRIS. Pourquoi d'Abnéos ?

DEMOKOS. Parce qu'il prête aux épithètes, ventru et bancal comme il est [2].

ABNÉOS. Dis donc, moule à tarte !

130 PÂRIS. Non. Abnéos ne m'inspire pas. Mais en face de toi, si tu veux.

DEMOKOS. De moi ? Parfait ! Tu vas voir ce que c'est, l'épithète improvisée ! Compte dix pas... J'y suis... Commence...

---

1. **Vraie fraternité dans le monde** : le souvenir des dialogues d'une tranchée à l'autre pendant la Première Guerre mondiale était resté très vif. Dans l'œuvre de Giraudoux, voir *Siegfried*, acte 1, scène 3.
2. **Ventru et bancal comme il est** : Demokos montre ici que lui, le poète, l'intellectuel, connaît le « vrai » sens du mot *épithète*, tout en utilisant aussi les deux adjectifs comme insultes envers Abnéos.

135 HÉCUBE. Regarde-le bien. Tu seras inspiré.

PÂRIS. Vieux parasite ! Poète aux pieds sales !

DEMOKOS. Une seconde... Si tu faisais précéder les épithètes du nom[1], pour éviter les méprises...

PÂRIS. En effet, tu as raison... Demokos ! Œil de veau[2] !
140 Arbre à pellicules !

DEMOKOS. C'est grammaticalement correct, mais bien naïf. En quoi le fait d'être appelé Arbre à pellicules peut-il me faire monter l'écume aux lèvres et me pousser à tuer ? Arbre à pellicules est complètement inopérant.

145 HÉCUBE. Il t'appelle aussi Œil de veau.

DEMOKOS. Œil de veau est un peu mieux... Mais tu vois comme tu patauges, Pâris ? Cherche donc ce qui peut m'atteindre. Quels sont mes défauts, à ton avis ?

PÂRIS. Tu es lâche, ton haleine est fétide, et tu n'as aucun
150 talent.

DEMOKOS. Tu veux une gifle ?

PÂRIS. Ce que j'en dis, c'est pour te faire plaisir.

LA PETITE POLYXÈNE. Pourquoi gronde-t-on l'oncle Demokos, maman ?

155 HÉCUBE. Parce que c'est un serin, chérie !

DEMOKOS. Vous dites, Hécube ?

---

1. **Les épithètes du nom** : le jeu sur le double sens d'*épithète* continue...
2. **Œil de veau** : forgé sur le nom composé *œil-de-bœuf*, qui n'est d'ailleurs pas une insulte en français, mais désigne une sorte de fenêtre dans un toit.

HÉCUBE. Je dis que tu es un serin, Demokos. Je dis que si les serins avaient la bêtise, la prétention, la laideur et la puanteur des vautours, tu serais un serin[1].

160 DEMOKOS. Tiens, Pâris ! Ta mère est plus forte que toi. Prends modèle. Une heure d'exercice par jour et par soldat, et Hécube nous donne la supériorité en épithètes. Et pour le chant de la guerre, je ne sais pas non plus s'il n'y aurait pas avantage à le lui confier...

165 HÉCUBE. Si tu veux. Mais je ne dirais pas qu'elle ressemble à Hélène.

DEMOKOS. Elle ressemble à qui, d'après toi ?

HÉCUBE. Je te le dirai quand la porte sera fermée.

---

1. Serin : comme Démokos – pas si bête finalement – le remarque immédiatement, la vieille reine trouve rapidement des injures beaucoup plus percutantes que les hommes.

REPÈRES

• La scène 4 se rattache très précisément à une scène de l'acte I : laquelle ? La situation a-t-elle évolué ?
• Dénombrez les personnages masculins et féminins de cette scène : lesquels sont nouveaux ? Quel rapport s'établit entre eux ?
• Observez la première et la dernière réplique : qui les prononce ? À quel élément du décor font-elles allusion ?

OBSERVATION

• Qui dirige la scène ? Quel titre pourrait-on lui donner ? Quelles en sont les différentes étapes ?
• Quelle explication Demokos donne-t-il de son attitude dans la scène précédente ?
• Que pensez-vous de l'expression le « conseil de guerre (…) des intellectuels » (l. 25-27) ? Quel type de discussion laisse-t-elle espérer ? Comment Demokos et Abnéos définissent-ils au contraire leur mission ?
• Étudiez le jeu des allusions parodiques dans l'évocation des préparatifs de guerre.
• À quel texte épique font allusion les épithètes lancées avant le combat ? Quel est leur pouvoir ? Relevez leurs emplois dans la scène et précisez leur niveau de langue. Laquelle fait réagir Demokos et pourquoi ?
• Quelle nouvelle métaphore Demokos invente-t-il pour représenter la guerre ? Vous paraît-elle fondée ? Comparez-la à celle que propose Hécube à la fin de la scène 5.
• Caractérisez le ton et les propos d'Abnéos et Demokos.
• Étudiez les interventions d'Hécube : quelle tonalité donnent-elles à la scène ?

INTERPRÉTATIONS

• La guerre a deux visages : lesquels ? Établissez un rapprochement entre le discours d'Hector à l'acte I, scène 3, et les propos d'Hécube.
• Le conseil de guerre tourne à la parodie : pourquoi ? Quelles critiques sous-jacentes peuvent être relevées ? Quel effet produit le mélange du comique et du tragique ?
• Cette scène est l'occasion pour l'auteur de développer une réflexion sur le langage et la poésie : quelle est leur fonction par rapport à la réalité ?

SCÈNE 5. LES MÊMES, PRIAM, HECTOR, BUSIRIS, puis ANDROMAQUE, puis HÉLÈNE.

Pendant la fermeture des portes,
Andromaque prend à part la petite Polyxène,
et lui confie une commission ou un secret.

HECTOR. Elle va l'être.

DEMOKOS. Un moment, Hector !

HECTOR. La cérémonie n'est pas prête ?

HÉCUBE. Si. Les gonds nagent dans l'huile d'olive[1].

5 HECTOR. Alors ?

PRIAM. Ce que nos amis veulent dire, Hector, c'est que la guerre aussi est prête. Réfléchis bien. Ils n'ont pas tort. Si tu fermes cette porte, il va peut-être falloir la rouvrir dans une minute[2].

10 HÉCUBE. Une minute de paix, c'est bon à prendre.

HECTOR. Mon père, tu dois pourtant savoir ce que signifie la paix pour des hommes qui depuis des mois se battent. C'est toucher enfin le fond pour ceux qui se noient ou s'enlisent. Laisse-nous prendre pied sur le moindre carré de paix, effleu-
15 rer la paix une minute, fût-ce de l'orteil !

PRIAM. Hector, songe que jeter aujourd'hui le mot « paix » dans la ville est aussi coupable que d'y jeter un poison. Tu vas y détendre le cuir et le fer. Tu vas frapper avec le mot « paix » la monnaie courante des souvenirs, des affections,
20 des espoirs. Les soldats vont se précipiter pour acheter le pain

---

1. **L'huile d'olive** : comme le vin résiné, pour la couleur locale.
2. **Dans une minute** : l'obsession du temps d'urgence, de la minute à ne pas perdre, se retrouvera plus loin dans la pièce et dans *Électre*.

de paix, boire le vin de paix, étreindre la femme de paix[1], et dans une heure tu les remettras face à la guerre.

HECTOR. La guerre n'aura pas lieu !

On entend des clameurs du côté du port.

25 DEMOKOS. Non ? Écoute !

HECTOR. Fermons les portes. C'est ici que nous recevrons tout à l'heure les Grecs. La conversation sera déjà assez rude. Il convient de les recevoir dans la paix.

PRIAM. Mon fils, savons-nous même si nous devons per-
30 mettre aux Grecs de débarquer ?

HECTOR. Ils débarqueront. L'entrevue avec Ulysse est notre dernière chance de paix.

DEMOKOS. Ils ne débarqueront pas. Notre honneur est en jeu[2]. Nous serions la risée du monde...

35 HECTOR. Et tu prends sur toi de conseiller au Sénat[3] une mesure qui signifie la guerre ?

DEMOKOS. Sur moi ? Tu tombes mal. Avance, Busiris. Ta mission commence.

HECTOR. Quel est cet étranger ?

40 DEMOKOS. Cet étranger est le plus grand expert vivant du

---

1. **La femme de paix** : la métaphore filée de la monnaie appliquée au mot « paix » (« frapper », « monnaie courante », « acheter ») culmine avec la triade « pain », « vin », « femme » et le jeu de mot sur « femme de paix » (*achetée* comme une prostituée, comme le pain et le vin) qui renvoie probablement à « juge de paix ».
2. **Notre honneur est en jeu** : voir l'échange entre Cassandre et la Paix à la fin de l'acte I, scène 10.
3. **Sénat** : institution parallèle à celle qu'on appelle Conseil (*Boulè*) pour la Grèce, mais romaine.

droit des peuples[1]. Notre chance veut qu'il soit aujourd'hui de passage dans Troie. Tu ne diras pas que c'est un témoin partial. C'est un neutre. Notre Sénat se range à son avis, qui sera demain celui de toutes les nations.

45 HECTOR. Et quel est ton avis ?

BUSIRIS. Mon avis, Princes, après constat de visu et enquête subséquente, est que les Grecs se sont rendus vis-à-vis de Troie coupables de trois manquements aux règles internationales. Leur permettre de débarquer serait vous retirer cette 50 qualité d'offensé qui vous vaudra, dans le conflit, la sympathie universelle[2].

HECTOR. Explique-toi.

BUSIRIS. Premièrement ils ont hissé leur pavillon au ramat et non à l'écoutière. Un navire de guerre, princes et chers col-55 lègues, hisse sa flamme au ramat dans le seul cas de réponse au salut d'un bateau chargé de bœufs[3]. Devant une ville et sa population, c'est donc le type même de l'insulte. Nous avons d'ailleurs un précédent. Les Grecs ont hissé l'année dernière leur pavillon au ramat en entrant dans le port 60 d'Ophéa[4]. La riposte a été cinglante. Ophéa a déclaré la guerre.

HECTOR. Et qu'est-il arrivé ?

BUSIRIS. Ophéa a été vaincue. Il n'y a plus d'Ophéa, ni d'Ophéens.

---

1. **Du droit des peuples** : G. Graumann signale qu'un juriste grec du nom de Politis avait été désigné comme arbitre dans le conflit entre l'Italie de Mussolini et l'Abyssinie.
2. **La sympathie universelle** : satire du style administratif des discours officiels.
3. **Bateau chargé de bœufs** : allusion au navire chargé d'une *hécatombe* qui, dans le chant I de l'*Iliade*, ramène Chryséis à son père Chrysès, prêtre troyen d'Apollon. Sur le « ramat » et l'« écoutière », voir acte I, scène 9, note 2, p. 98.
4. **Ophéa** : île ou cité inventée par Giraudoux, avec une consonance antique.

65 HÉCUBE. Parfait.

BUSIRIS. L'anéantissement d'une nation ne modifie en rien l'avantage de sa position morale internationale.

HECTOR. Continue.

BUSIRIS. Deuxièmement, la flotte grecque en pénétrant dans
70 vos eaux territoriales[1] a adopté la formation dite de face. Il avait été question, au dernier congrès, d'inscrire cette formation dans le paragraphe des mesures dites défensives-offensives[2]. J'ai été assez heureux pour obtenir qu'on lui restituât sa vraie qualité de mesure offensive-défensive : elle est donc
75 bel et bien une des formes larvées[3] du front de mer qui est lui-même une forme larvée du blocus, c'est-à-dire qu'elle constitue un manquement au premier degré ! Nous avons aussi un précédent. Les navires grecs, il y a cinq ans, ont adopté la formation de face en ancrant devant Magnésie[4].
80 Magnésie dans l'heure a déclaré la guerre.

HECTOR. Elle l'a gagnée ?

BUSIRIS. Elle l'a perdue. Il ne subsiste plus une pierre de ses murs. Mais mon paragraphe subsiste.

HÉCUBE. Je t'en félicite. Nous avions eu peur.

85 HECTOR. Achève.

BUSIRIS. Le troisième manquement est moins grave. Une des

---

1. **Eaux territoriales** : zone entre une côte et le large sous le contrôle de l'État riverain, objet de convoitises donc occasion de litiges internationaux fréquents.
2. **Mesures dites défensives-offensives** : allusion probable aux stratégies militaires de l'entre-deux-guerres qui s'attachaient à redéfinir les notions d'offensif et de défensif, et satire de la manie de classification qui n'arrive jamais à rendre compte de tous les cas d'espèce et est obligée de créer des sous-catégories intermédiaires brouillant la classification, comme la subtile différence faite ici entre « défensives-offensives » et « offensive-défensive ».
3. **Larvées** : déguisées, masquées.
4. **Magnésie** : plusieurs villes grecques de l'Antiquité portaient ce nom.

trirèmes[1] grecques a accosté sans permission et par traîtrise.
Son chef Oiax, le plus brutal et le plus mauvais coucheur[2]
des Grecs, monte vers la ville en semant le scandale et la
90 provocation, et criant qu'il veut tuer Pâris. Mais, au point de
vue international, ce manquement est négligeable. C'est un
manquement qui n'a pas été fait dans les formes.

DEMOKOS. Te voilà renseigné. La situation a deux issues.
Encaisser un outrage ou le rendre. Choisis.

95 HECTOR. Oneah, cours au-devant d'Oiax ! Arrange-toi
pour le rabattre ici.

PÂRIS. Je l'y attends.

HECTOR. Tu me feras le plaisir de rester au Palais jusqu'à
ce que je t'appelle. Quant à toi, Busiris, apprends que notre
100 ville n'entend d'aucune façon avoir été insultée par les Grecs.

BUSIRIS. Je n'en suis pas surpris. Sa fierté d'hermine[3] est
légendaire.

HECTOR. Tu vas donc, et sur-le-champ, me trouver une
thèse qui permette à notre Sénat de dire qu'il n'y a pas eu
105 manquement de la part de nos visiteurs, et à nous, hermines
immaculées, de les recevoir en hôtes.

DEMOKOS. Quelle est cette plaisanterie ?

BUSIRIS. C'est contre les faits, Hector.

HECTOR. Mon cher Busiris, nous savons tous ici que le droit
110 est la plus puissante des écoles de l'imagination. Jamais poète

---

1. **Trirèmes** : bateaux de guerre de l'Antiquité à trois rangées de rames ; la forme latinisée du mot est préférée à la forme grecque (en général transposée sous la forme *trière*).
2. **Mauvais coucheur** : homme peu sociable, difficile à vivre.
3. **Sa fierté d'hermine** : l'hermine est un mammifère carnassier dont la fourrure devient blanche pendant l'hiver, ce qui en a fait un symbole de pureté. Les juges portent traditionnellement sur leur robe un jabot d'hermine.

n'a interprété la nature aussi librement qu'un juriste la réalité[1].

BUSIRIS. Le Sénat m'a demandé une consultation, je la donne.

115 HECTOR. Je te demande, moi, une interprétation. C'est plus juridique encore.

BUSIRIS. C'est contre ma conscience.

HECTOR. Ta conscience a vu périr Ophéa, périr Magnésie, et elle envisage d'un cœur léger la perte de Troie ?

120 HÉCUBE. Oui. Il est de Syracuse[2].

HECTOR. Je t'en supplie, Busiris. Il y va de la vie de deux peuples. Aide-nous.

BUSIRIS. Je ne peux vous donner qu'une aide, la vérité.

HECTOR. Justement. Trouve une vérité qui nous sauve. Si le
125 droit n'est pas l'armurier des innocents, à quoi sert-il ? Forge-nous une vérité[3]. D'ailleurs, c'est très simple, si tu ne la trouves pas, nous te gardons ici tant que durera la guerre.

BUSIRIS. Que dites-vous ?

DEMOKOS. Tu abuses de ton rang, Hector !

130 HÉCUBE. On emprisonne le droit pendant la guerre. On peut bien emprisonner un juriste.

---

1. **Jamais poète ... réalité** : paradoxe manié avec élégance.
2. **Syracuse** : les juristes de Sicile sont réputés dans l'Antiquité, et Giraudoux joue constamment sur les anachronismes (les éditions antérieures remarquent que la ville de Syracuse a été fondée « cinq siècles avant la guerre de Troie »). Le comique vient ici de la distance entre Syracuse et les trois villes dont il s'agit.
3. **Forge-nous une vérité** : métaphore filée du droit comme « armure de l'innocence » ; voir dans *Électre* (acte II, sc. 3) la métaphore – avec une valeur plus ironique et négative – de l'« armure du bonheur ».

HECTOR. Tiens-le-toi pour dit, Busiris. Je n'ai jamais manqué ni à mes menaces ni à mes promesses. Ou ces gardes te mènent en prison pour des années, ou tu pars ce soir même

135 couvert d'or. Ainsi renseigné, soumets de nouveau la question à ton examen le plus impartial.

BUSIRIS. Évidemment, il y a des recours.

HECTOR. J'en étais sûr.

BUSIRIS. Pour le premier manquement, par exemple, ne peut-

140 on interpréter dans certaines mers bordées de régions fertiles le salut au bateau chargé de bœufs comme un hommage de la marine à l'agriculture ?

HECTOR. En effet, c'est logique. Ce serait en somme le salut de la mer à la terre.

145 BUSIRIS. Sans compter qu'une cargaison de bétail peut être une cargaison de taureaux. L'hommage en ce cas touche même à la flatterie.

HECTOR. Voilà. Tu m'as compris. Nous y sommes.

BUSIRIS. Quant à la formation de face, il est tout aussi natu-

150 rel de l'interpréter comme une avance que comme une pro-vocation. Les femmes qui veulent avoir des enfants se pré-sentent de face, et non de flanc.

HECTOR. Argument décisif.

BUSIRIS. D'autant que les Grecs ont à leur proue des

155 nymphes[1] sculptées gigantesques. Il est permis de dire que le fait de présenter aux Troyens, non plus le navire en tant qu'unité navale, mais la nymphe en tant que symbole fécon-dant, est juste le contraire d'une insulte. Une femme qui vient

---

1. **Nymphes** : déesses des bois, des montagnes, des sources, des rivières. Le mot grec signifie proprement « jeune mariée » et se prête à désigner toute jeune femme belle.

160 vers vous nue et les bras ouverts n'est pas une menace, mais une offre. Une offre à causer, en tout cas...

HECTOR. Et voilà notre honneur sauf, Demokos. Que l'on publie dans la ville la consultation de Busiris, et toi, Minos[1], cours donner l'ordre au capitaine du port de faire immédiatement débarquer Ulysse.

165 DEMOKOS. Cela devient impossible de discuter l'honneur avec ces anciens combattants. Ils abusent vraiment du fait qu'on ne peut les traiter de lâches.

LE GÉOMÈTRE. Prononce en tout cas le discours aux morts, Hector. Cela te fera réfléchir...

170 HECTOR. Il n'y aura pas de discours aux morts.

PRIAM. La cérémonie le comporte. Le général victorieux doit rendre hommage aux morts quand les portes se ferment.

HECTOR. Un discours aux morts de la guerre, c'est un plaidoyer hypocrite pour les vivants, une demande d'acquitte-
175 ment[2]. C'est la spécialité des avocats. Je ne suis pas assez sûr de mon innocence...

DEMOKOS. Le commandement est irresponsable.

HECTOR. Hélas, tout le monde l'est, les dieux aussi ! D'ailleurs je l'ai fait déjà, mon discours aux morts. Je le leur ai
180 fait à leur dernière minute de vie, alors qu'adossés un peu de

---

1. **Minos** : personnage à rôle muet, pour cette raison non mentionné dans la liste des personnages. Giraudoux a peut-être ironiquement donné à ce personnage peu important le nom du roi mythique de la Crète, fils de Zeus et d'Europe.
2. **Plaidoyer hypocrite pour les vivants, demande d'acquittement** : une note de l'édition de la Pléiade voit là une nouvelle attaque contre Raymond Poincaré, déjà accusé dans *Bella*, sous le nom de Rebendart, d'inaugurer tous les dimanches « son monument hebdomadaire aux morts ».

biais aux oliviers du champ de bataille[1], ils disposaient d'un reste d'ouïe et de regard. Et je peux vous répéter ce que je leur ai dit. Et à l'éventré, dont les prunelles tournaient déjà, j'ai dit : « Eh bien, mon vieux, ça ne va pas si mal que ça... »
185 Et à celui dont la massue avait ouvert en deux le crâne : « Ce que tu peux être laid avec ce nez fendu ! » Et à mon petit écuyer, dont le bras gauche pendait et dont fuyait le dernier sang : « Tu as de la chance de t'en tirer avec le bras gauche... » Et je suis heureux de leur avoir fait boire à chacun
190 une suprême goutte à la gourde de la vie. C'était tout ce qu'ils réclamaient, ils sont morts en la suçant... Et je n'ajouterai pas un mot. Fermez les portes.

LA PETITE POLYXÈNE. Il est mort aussi, le petit écuyer ?

HECTOR. Oui, mon chat. Il est mort[2]. Il a soulevé la main
195 droite. Quelqu'un que je ne voyais pas le prenait par sa main valide. Et il est mort.

DEMOKOS. Notre général semble confondre paroles aux mourants et discours aux morts.

PRIAM. Ne t'obstine pas, Hector.

200 HECTOR. Très bien, très bien, je leur parle...

Il se place au pied des portes.

HECTOR. Ô vous qui ne nous entendez pas, qui ne nous voyez pas, écoutez ces paroles, voyez ce cortège. Nous sommes les vainqueurs. Cela vous est bien égal, n'est-ce pas ?

---

1. **Oliviers du champ de bataille** : l'olivier, symbole de paix et de fidélité, semble incongru dans un champ de bataille. Outre la couleur locale, il convient symboliquement au discours d'Hector comme arbre de vie.
2. **Oui, mon chat. Il est mort** : l'apostrophe familière et affectueuse manifeste la tendresse et l'humanité d'Hector. Surtout, elle confirme que la question de Polyxène, « Il est mort aussi, le petit écuyer ? » renvoyait au fameux « Le petit chat est mort » d'Agnès à Arnolphe dans *L'École des femmes* de Molière, avec une note, ici, d'ironie tragique.

205 Vous aussi vous l'êtes. Mais, nous, nous sommes les vainqueurs vivants. C'est ici que commence la différence. C'est ici que j'ai honte. Je ne sais si dans la foule des morts on distingue les morts vainqueurs par une cocarde [1]. Les vivants, vainqueurs ou non, ont la vraie cocarde, la double cocarde.
210 Ce sont leurs yeux. Nous, nous avons deux yeux, mes pauvres amis. Nous voyons le soleil. Nous faisons tout ce qui se fait dans le soleil. Nous mangeons. Nous buvons... Et dans le clair de lune !... Nous couchons avec nos femmes... Avec les vôtres aussi...

215 DEMOKOS. Tu insultes les morts, maintenant ?

HECTOR. Vraiment, tu crois ?

DEMOKOS. Ou les morts, ou les vivants.

HECTOR. Il y a une distinction...

PRIAM. Achève, Hector... Les Grecs débarquent...

220 HECTOR. J'achève... Ô vous qui ne sentez pas, qui ne touchez pas, respirez cet encens, touchez ces offrandes. Puisque enfin c'est un général sincère qui vous parle, apprenez que je n'ai pas une tendresse égale, un respect égal pour vous tous. Tout morts que vous êtes, il y a chez vous la même propor-
225 tion de braves et de peureux que chez nous qui avons survécu et vous ne me ferez pas confondre, à la faveur d'une cérémonie, les morts que j'admire avec les morts que je n'admire pas. Mais ce que j'ai à vous dire aujourd'hui, c'est que la guerre me semble la recette la plus sordide et la plus hypocrite

---

1. **Une cocarde** : terme dérivé de *coq*, désigne un insigne, rond le plus souvent, que l'on portait à la coiffure. La cocarde tricolore des partisans de la Révolution française a entraîné le sens d'insigne national. Les nationalistes portant volontiers la cocarde, un sens péjoratif est assez fréquent, et il est constant pour le dérivé *cocardier*, « nationaliste, revanchard ». Dans la suite de la tirade, un double sens est possible, renvoyant à l'usage familier du mot *cocard* pour un œil au beurre noir.

230 pour égaliser les humains[1] et que je n'admets pas plus la mort comme châtiment ou comme expiation au lâche que comme récompense aux vivants. Aussi qui que vous soyez, vous absents, vous inexistants, vous oubliés, vous sans occupation, sans repos, sans être, je comprends en effet qu'il faille
235 en fermant ces portes excuser près de vous ces déserteurs que sont les survivants, et ressentir comme un privilège et un vol ces deux biens qui s'appellent, de deux noms dont j'espère que la résonance ne vous atteint jamais, la chaleur et le ciel.

LA PETITE POLYXÈNE. Les portes se ferment, maman !

240 HÉCUBE. Oui, chérie.

LA PETITE POLYXÈNE. Ce sont les morts qui les poussent.

HÉCUBE. Ils aident, un petit peu.

LA PETITE POLYXÈNE. Ils aident bien, surtout à droite.

HECTOR. C'est fait ? Elles sont fermées ?

245 LE GARDE. Un coffre-fort...

HECTOR. Nous sommes en paix, père, nous sommes en paix.

HÉCUBE. Nous sommes en paix !

LA PETITE POLYXÈNE. On se sent bien mieux, n'est-ce pas,
250 maman ?

HECTOR. Vraiment, chérie !

LA PETITE POLYXÈNE. Moi je me sens bien mieux.

La musique des Grecs éclate.

---

1. **Pour égaliser les humains** : allusion à la maxime proverbiale « la mort est égale pour tous ».

UN MESSAGER. Leurs équipages ont mis pied à terre,
255 Priam !

DEMOKOS. Quelle musique ! Quelle horreur de musique !
C'est de la musique antitroyenne au plus haut point ! Allons
les recevoir comme il convient.

HECTOR. Recevez-les royalement et qu'ils soient ici sans
260 encombre. Vous êtes responsables !

LE GÉOMÈTRE. Opposons-leur en tout cas la musique
troyenne. Hector, à défaut d'autre indignation, autorisera
peut-être le conflit musical [1] ?

LA FOULE. Les Grecs ! Les Grecs !

265 UN MESSAGER. Ulysse est sur l'estacade [2], Priam ! Où faut-
il le conduire ?

PRIAM. Ici même. Préviens-nous au palais... Toi aussi, viens,
Pâris. Tu n'as pas trop à circuler, en ce moment.

HECTOR. Allons préparer notre discours aux Grecs, père.

270 DEMOKOS. Prépare-le un peu mieux que celui aux morts, tu
trouveras plus de contradiction. *Priam et ses fils sortent.* Tu
t'en vas aussi, Hécube ? Tu t'en vas sans nous avoir dit à
quoi ressemblait la guerre ?

HÉCUBE. Tu tiens à le savoir ?

275 DEMOKOS. Si tu l'as vue, dis-le.

HÉCUBE. À un cul de singe. Quand la guenon est montée à

---

1. **La musique troyenne... le conflit musical** : la force de l'opposition franco-
allemande était telle au début du XXe siècle qu'elle avait suscité un véritable
« conflit » entre les partisans de la musique française et la musique allemande,
c'est-à-dire la vogue wagnérienne. Une note de l'édition Body rappelle que le
musicien Vincent d'Indy avait publié à l'automne 1914 une série d'articles dans
Le Figaro, visant à démontrer l'inexistence de la musique allemande.
2. **Estacade** : jetée à claire-voie montée sur des pieux.

l'arbre et nous montre un fondement rouge, tout squameux [1] et glacé, ceint d'une perruque immonde, c'est exactement la guerre que l'on voit, c'est son visage.

280 DEMOKOS. Avec celui d'Hélène, cela lui en fait deux.

Il sort.

ANDROMAQUE. La voilà justement, Hélène. Polyxène, tu te rappelles bien ce que tu as à lui dire.

LA PETITE POLYXÈNE. Oui...

285 ANDROMAQUE. Va...

---

1. **Squameux** : se dit d'une peau écailleuse, qui pèle par lamelles.

Repères

• Que représente le pronom personnel « Elle » au début de la scène ?

• Dans quelle scène de l'acte I trouvait-on déjà la plupart des personnages présents ici ? Quel était l'enjeu de cette scène ?

• Demokos dit que la présence de Busiris est due au hasard. Cependant à quel moment l'a-t-il annoncée dans la scène précédente ?

• Dressez la liste des partisans de la guerre et celle des partisans de la paix.

Observation

• Mettez en évidence la progression dramatique de cette scène en étudiant sa structure.

• Pour Demokos, à la scène 4, et pour Hécube, à la scène 5, la guerre a des visages bien différents. En quoi sont-ils antithétiques ? Montrez que ce double visage se trouvait déjà dans le discours d'Hector à Andromaque, acte I, scène 3.

• Quelle présentation Demokos fait-il de Busiris ? Étudiez les figures de style qu'il utilise. Pourquoi a-t-il recours à lui pour plaider la cause de la guerre ?

• Pourquoi Busiris change-t-il de thèse et passe-t-il de la « consultation » à « l'interprétation » ?

• Quelle définition paradoxale Hector donne-t-il du droit ?

• Étudiez la satire du juriste dans la partie de la scène où Busiris parle. Quelle tonalité donne-t-elle à cette scène dramatique ?

• Dans cette scène, Hector lutte avec acharnement pour la paix : relevez deux métaphores qu'il emploie pour répondre à son père et le faire fléchir, et qui trahissent son inquiétude.

• Pourquoi Hector refuse-t-il tout d'abord de faire un discours aux morts ? Quels traits de caractère ses paroles aux mourants traduisent-elles ? Sur quelles figures de style reposent-elles ?

• **Le discours aux morts**

– Montrez qu'il n'est pas conforme à la tradition et constitue une dénonciation de ce genre oratoire.

– Relevez les paradoxes et les oppositions.

– Soulignez ce qui en fait un réquisitoire contre la guerre et un hymne à la vie.

– Pourquoi Demokos peut-il dire qu'Hector insulte les morts ?

INTERPRÉTATIONS

• Expliquez en quoi les exemples que donne Busiris avec les villes d'Ophéa et de Magnésie déconsidèrent sa thèse. Quel effet produisent-ils sur le spectateur ?

• À la fin de la scène 5, les données sont-elles modifiées ? Hector a-t-il remporté des victoires décisives ?

• Les partisans de la guerre peuvent-il être mis sur le même plan ?

• Cette scène est-elle plutôt comique ou tragique ?

• Pourquoi, à votre avis, a-t-on pu dire que le théâtre de Giraudoux est un théâtre de mots ?

SCÈNE 6. HÉLÈNE, LA PETITE POLYXÈNE.

HÉLÈNE. Tu veux me parler, chérie ?

LA PETITE POLYXÈNE. Oui, tante Hélène.

HÉLÈNE. Ça doit être important, tu es toute raide. Et tu te sens toute raide aussi, je parie ?

5 LA PETITE POLYXÈNE. Oui, tante Hélène.

HÉLÈNE. C'est une chose que tu ne peux pas me dire sans être raide ?

LA PETITE POLYXÈNE. Non, tante Hélène.

HÉLÈNE. Alors, dis le reste. Tu me fais mal, raide comme 10 cela.

LA PETITE POLYXÈNE. Tante Hélène, si vous nous aimez, partez !

HÉLÈNE. Pourquoi partirais-je, chérie ?

LA PETITE POLYXÈNE. À cause de la guerre.

15 HÉLÈNE. Tu sais déjà ce que c'est, la guerre ?

LA PETITE POLYXÈNE. Je ne sais pas très bien. Je crois qu'on meurt.

HÉLÈNE. La mort aussi tu sais ce que c'est ?

LA PETITE POLYXÈNE. Je ne sais pas non plus très bien. Je 20 crois qu'on ne sent plus rien.

HÉLÈNE. Qu'est-ce qu'Andromaque t'a dit au juste de me demander ?

LA PETITE POLYXÈNE. De partir, si vous nous aimez.

HÉLÈNE. Cela ne me paraît pas très logique. Si tu aimais 25 quelqu'un, tu le quitterais ?

LA PETITE POLYXÈNE. Oh ! non ! jamais !

HÉLÈNE. Qu'est-ce que tu préférerais, quitter Hécube ou ne plus rien sentir ?

LA PETITE POLYXÈNE. Oh ! ne rien sentir ! Je préférerais res-
30 ter et ne plus jamais rien sentir...

HÉLÈNE. Tu vois comme tu t'exprimes mal ! Pour que je parte, au contraire, il faudrait que je ne vous aime pas. Tu préfères que je ne t'aime pas ?

LA PETITE POLYXÈNE. Oh ! non ! que vous m'aimiez !

35 HÉLÈNE. Tu ne sais pas ce que tu dis, en somme ?

LA PETITE POLYXÈNE. Non !..

VOIX D'HÉCUBE. Polyxène !

SCÈNE 7. LES MÊMES, HÉCUBE, ANDROMAQUE.

HÉCUBE. Tu es sourde, Polyxène ? Et qu'as-tu à fermer les yeux en me voyant ? Tu joues à la statue [2] ? Viens avec moi.

HÉLÈNE. Elle s'entraîne à ne rien sentir. Mais elle n'est pas douée.

5 HÉCUBE. Enfin, est-ce que tu m'entends, Polyxène ? Est-ce que tu me vois ?

LA PETITE POLYXÈNE. Oh ! oui ! Je t'entends. Je te vois.

---

1. **Non** : cette scène est une satire à la fois des techniques sophistiques et de l'interrogatoire socratique.
2. **Statue** : d'une manière analogue – mais avec un arrière-plan de relations mère-enfants bien différent – Clytemnestre remarque dans *Électre* (acte II, scène 4) que ses enfants deviennent des statues dès qu'ils la voient.

HÉCUBE. Pourquoi pleures-tu ? Il n'y a pas de mal à me voir et à m'entendre.

10 LA PETITE POLYXÈNE. Si... Tu partiras...

HÉCUBE. Vous me ferez le plaisir de laisser désormais Polyxène tranquille, Hélène. Elle est trop sensible pour toucher l'insensible, fût-ce[1] à travers votre belle robe et votre belle voix.

15 HÉLÈNE. C'est bien mon avis. Je conseille à Andromaque de faire ses commissions elle-même[2]. Embrasse-moi, Polyxène. Je pars ce soir, puisque tu y tiens.

LA PETITE POLYXÈNE. Ne partez pas ! Ne partez pas !

HÉLÈNE. Bravo ! Te voilà souple...

20 HÉCUBE. Tu viens, Andromaque ?

ANDROMAQUE. Non, je reste.

SCÈNE 8. HÉLÈNE, ANDROMAQUE.

HÉLÈNE. L'explication, alors ?

ANDROMAQUE. Je crois qu'il la faut.

HÉLÈNE. Écoutez-les crier et discuter là-bas, tous tant qu'ils sont ! Cela ne suffit pas ? Il faut encore que les belles-sœurs 5 s'expliquent ? S'expliquent quoi, puisque je pars ?

ANDROMAQUE. Que vous partiez ou non, ce n'est plus la question, Hélène.

---

1. **Fût-ce** : « même si c'est » (registre de style élevé).
2. **Faire ses commissions elle-même** : expression familière, en contraste avec le ton d'Hécube.

HÉLÈNE. Dites cela à Hector. Vous faciliterez sa journée.

ANDROMAQUE. Oui, Hector s'accroche à l'idée de votre
10 départ. Il est comme tous les hommes. Il suffit d'un lièvre
pour le détourner du fourré où est la panthère. Le gibier des
hommes peut se chasser ainsi. Pas celui des dieux.

HÉLÈNE. Si vous avez découvert ce qu'ils veulent, les dieux,
dans toute cette histoire, je vous félicite.

15 ANDROMAQUE. Je ne sais pas si les dieux veulent quelque
chose. Depuis ce matin, tout me semble le réclamer, le crier,
l'exiger, les hommes, les bêtes, les plantes... Jusqu'à cet enfant
en moi...

HÉLÈNE. Ils réclament quoi ?

20 ANDROMAQUE. Que vous aimiez Pâris.

HÉLÈNE. S'ils savent que je n'aime point Pâris, ils sont
mieux renseignés que moi.

ANDROMAQUE. Vous ne l'aimez pas ! Peut-être pourriez-
vous l'aimer. Mais, pour le moment, c'est dans un malen-
25 tendu que vous vivez tous deux.

HÉLÈNE. Je vis avec lui dans la bonne humeur, dans l'agrément, dans l'accord. Le malentendu de l'entente [1], je ne vois
pas très bien ce que cela peut être.

ANDROMAQUE. Vous ne l'aimez pas. On ne s'entend pas,
30 dans l'amour. La vie de deux époux qui s'aiment, c'est une
perte de sang-froid perpétuelle. La dot des vrais couples est
la même que celle des couples faux : le désaccord originel.
Hector est le contraire de moi. Il n'a aucun de mes goûts.
Nous passons notre journée ou à nous vaincre l'un l'autre ou

---

1. **Le malentendu de l'entente** : l'*Éloge d'Hélène* de Gorgias a fait d'Hélène
une sorte de symbole de l'art des sophistes. Giraudoux, comme dans la scène 6,
s'amuse à la faire parler dans leur style.

35 à nous sacrifier. Les époux amoureux n'ont pas le visage clair.

HÉLÈNE. Et si mon teint était de plomb, quand j'approche Pâris, et mes yeux blancs, et mes mains moites, vous pensez que Ménélas en serait transporté, les Grecs épanouis ?

40 ANDROMAQUE. Peu importerait alors ce que pensent les Grecs !

HÉLÈNE. Et la guerre n'aurait pas lieu ?

ANDROMAQUE. Peut-être, en effet, n'aurait-elle pas lieu ! Peut-être, si vous vous aimiez, l'amour appellerait-il à son 45 secours l'un de ses égaux, la générosité, l'intelligence... Personne, même le destin, ne s'attaque d'un cœur léger à la passion... Et même si elle avait lieu, tant pis !

HÉLÈNE. Ce ne serait sans doute pas la même guerre ?

ANDROMAQUE. Oh ! non, Hélène ! Vous sentez bien ce 50 qu'elle sera, cette lutte. Le sort ne prend pas tant de précautions pour un combat vulgaire. Il veut construire l'avenir sur elle, l'avenir de nos races, de nos peuples, de nos raisonnements. Et que nos idées et que notre avenir soient fondés sur l'histoire d'une femme et d'un homme qui s'aimaient, ce n'est 55 pas si mal. Mais il ne voit pas que vous n'êtes qu'un couple officiel... Penser que nous allons souffrir, mourir, pour un couple officiel, que la splendeur ou le malheur des âges, que les habitudes des cerveaux et des siècles vont se fonder sur l'aventure de deux êtres qui ne s'aimaient pas, c'est là 60 l'horreur.

HÉLÈNE. Si tous croient que nous nous aimons, cela revient au même.

ANDROMAQUE. Ils ne le croient pas. Mais aucun n'avouera qu'il ne le croit pas. Aux approches de la guerre, tous les 65 êtres sécrètent une nouvelle sueur, tous les événements

revêtent un nouveau vernis, qui est le mensonge. Tous
mentent. Nos vieillards n'adorent pas la beauté, ils s'adorent
eux-mêmes, ils adorent la laideur. Et l'indignation des Grecs
est un mensonge. Dieu sait s'ils se moquent de ce que vous
70 pouvez faire avec Pâris, les Grecs ! Et leurs bateaux qui accos-
tent là-bas dans les banderoles et les hymnes, c'est un mensonge de la mer. Et la vie de mon fils, et la vie d'Hector vont
se jouer sur l'hypocrisie et le simulacre, c'est épouvantable !

HÉLÈNE. Alors ?

75 ANDROMAQUE. Alors je vous en supplie, Hélène. Vous me
voyez là pressée contre vous comme si je vous suppliais de
m'aimer. Aimez Pâris ! Ou dites-moi que je me trompe !
Dites-moi que vous vous tuerez s'il mourait ! Que vous
accepterez qu'on vous défigure pour qu'il vive !... Alors la
80 guerre ne sera plus qu'un fléau, pas une injustice. J'essaierai
de la supporter.

HÉLÈNE. Chère Andromaque, tout cela n'est pas si simple.
Je ne passe point mes nuits, je l'avoue, à réfléchir sur le sort
des humains, mais il m'a toujours semblé qu'ils se parta-
85 geaient en deux sortes. Ceux qui sont, si vous voulez, la chair
de la vie humaine. Et ceux qui en sont l'ordonnance, l'allure.
Les premiers ont le rire, les pleurs, et tout ce que vous vou-
drez en sécrétions. Les autres ont le geste, la tenue, le regard.
Si vous les obligez à ne faire qu'une race, cela ne va plus aller
90 du tout. L'humanité doit autant à ses vedettes qu'à ses
martyrs.

ANDROMAQUE. Hélène !

HÉLÈNE. D'ailleurs vous êtes difficile... Je ne le trouve pas si
mal que cela, mon amour. Il me plaît, à moi. Évidemment
95 cela ne tire pas sur mon foie ou ma rate quand Pâris m'aban-
donne pour le jeu de boules ou la pêche au congre. Mais je
suis commandée par lui, aimantée par lui. L'aimantation,
c'est aussi un amour, autant que la promiscuité. C'est une

passion autrement ancienne et féconde que celle qui s'ex-
100 prime par les yeux rougis de pleurs ou se manifeste par le
frottement. Je suis aussi à l'aise dans cet amour qu'une étoile
dans sa constellation. J'y gravite, j'y scintille, c'est ma façon
à moi de respirer et d'étreindre. On voit très bien les fils qu'il
peut produire, cet amour, de grands êtres clairs, bien dis-
105 tincts, avec des doigts annelés et un nez court[1]. Qu'est-ce
qu'il va devenir, si j'y verse la jalousie, la tendresse et l'inquiétude ! Le monde est déjà si nerveux : voyez vous-même !

ANDROMAQUE. Versez-y la pitié, Hélène. C'est la seule aide
dont ait besoin le monde.

110 HÉLÈNE. Voilà, cela devait venir, le mot est dit.

ANDROMAQUE. Quel mot ?

HÉLÈNE. Le mot « pitié »[2]. Adressez-vous ailleurs. Je ne
suis pas très forte en pitié.

ANDROMAQUE. Parce que vous ne connaissez pas le
115 malheur !

HÉLÈNE. Je le connais très bien. Et les malheureux aussi. Et
nous sommes très à l'aise ensemble. Tout enfant, je passais
mes journées dans les huttes collées au palais, avec les filles
de pêcheurs, à dénicher et à élever des oiseaux. Je suis née

---

1. **Doigts annelés, nez court** : dans *Électre*, Clytemnestre évoque l'horreur que
lui donnait le petit doigt toujours relevé d'Agamemnon (acte II, scène 8), et
Égisthe, dans sa profession de foi patriotique, évoque le « nez court des filles
d'Argos » (acte II, scène 7).
2. **Le mot « pitié »** : Hélène à son tour montre l'importance des mots dans la
naissance des conflits.

120 d'un oiseau [1], de là, j'imagine, cette passion. Et tous les malheurs du corps humain, pourvu qu'ils aient un rapport avec les oiseaux, je les connais en détail : le corps du père rejeté par la marée au petit matin, tout rigide, avec une tête de plus en plus énorme et frissonnante, car les mouettes s'assemblent
125 pour picorer les yeux, et le corps de la mère ivre plumant vivant notre merle apprivoisé, et celui de la sœur surprise dans la haie avec l'ilote [2] de service au-dessous du nid de fauvettes en émoi. Et mon amie au chardonneret était difforme, et mon amie au bouvreuil était phtisique [3] Et malgré
130 ces ailes que je prêtais au genre humain, je le voyais ce qu'il est, rampant, malpropre, et misérable. Mais jamais je n'ai eu le sentiment qu'il exigeait la pitié.

ANDROMAQUE. Parce que vous ne le jugez digne que de mépris.

135 HÉLÈNE. C'est à savoir. Cela peut venir aussi de ce que, tous ces malheureux, je les sens mes égaux, de ce que je les admets, de ce que ma santé, ma beauté et ma gloire, je ne les juge pas très supérieures à leur misère. Cela peut être de la fraternité.

140 ANDROMAQUE. Vous blasphémez, Hélène.

HÉLÈNE. Les gens ont pitié des autres dans la mesure où ils auraient pitié d'eux-mêmes. Le malheur ou la laideur sont des miroirs qu'ils ne supportent pas. Je n'ai aucune pitié pour moi. Vous verrez, si la guerre éclate. Je supporte la faim, le
145 mal sans souffrir, mieux que vous. Et l'injure. Si vous croyez

---

1. **Oiseau** : allusion à la légende de Léda séduite par Zeus sous la forme d'un cygne, et à l'œuf – ou aux œufs – dont sont nés Hélène, Clytemnestre, et les Dioscures (Castor et Pollux). On retrouve bien sûr des allusions analogues dans *Électre* (acte II, sc. 5). L'usage ici du mot *oiseau* et non *cygne* entraîne peut-être avec lui sous une forme implicite qu'Hélène a une « cervelle d'oiseau ».

2. **Ilote** (en principe plutôt *hilote*) : esclave public à Sparte.

3. **Phtisique** : atteinte de la tuberculose, maladie encore très fréquente à l'époque.

Séduite par Zeus transformé en cygne, Léda, fille du roi d'Étolie et épouse de Tyndare, pondit plusieurs œufs : l'un renfermait Castor et Pollux, un autre Hélène et Clytemnestre.

que je n'entends pas les Troyennes sur mon passage ! Et elles me traitent de garce ! Et elles disent que le matin j'ai l'œil jaune. C'est faux ou c'est vrai. Mais cela m'est égal, si égal !

ANDROMAQUE. Arrêtez-vous, Hélène !

150 HÉLÈNE. Et si vous croyez que mon œil, dans ma collection de chromos en couleurs[1], comme dit votre mari, ne me montre pas parfois une Hélène vieillie, avachie, édentée, suço-

---

1. **Chromos en couleurs** : voir acte 1, sc. 9 (note 3, p. 94). L'expression redondante suscite le commentaire ironique d'Hélène : « comme dit votre mari ».

tant accroupie quelque confiture dans sa cuisine[1] ! Et ce que
le plâtre de mon grimage peut éclater de blancheur ! Et ce
155 que la groseille peut être rouge ! Et ce que c'est coloré et sûr
et certain !... Cela m'est complètement indifférent.

ANDROMAQUE. Je suis perdue...

HÉLÈNE. Pourquoi ? S'il suffit d'un couple parfait pour
vous faire admettre la guerre, il y a toujours le vôtre[2],
160 Andromaque.

---

1. **Hélène vieillie... dans sa cuisine** : allusion au plus connu des *Sonnets pour
Hélène* de Ronsard : « Quand vous serez bien vieille, le soir, à la chandelle. »
Giraudoux accentue les détails descriptifs présentant la vieillesse sous un jour
horrible.
2. **Le vôtre** : Giraudoux prête à Hélène son art de la *pointe*.

REPÈRES

• Retrouvez, dans la scène 5, les propos d'Andromaque qui montrent qu'elle a délégué Polyxène auprès d'Hélène. Que cherchait-elle à obtenir ?

• Quel est le lien entre ces scènes 6, 7 et 8 ? En quoi se différencient-elles de la scène précédente ?

• La deuxième réplique d'Andromaque, dans la scène 8, est surprenante. Qu'est-ce qui est en question, maintenant, pour elle ? Comparez avec le début de la pièce.

• Ces trois scènes font-elles progresser l'action ? Dans quelle mesure modifient-elles l'enjeu initial ?

OBSERVATION

• Dans la scène 6, comment Hélène s'adresse-t-elle à Polyxène ? Faites la part de la tendresse et de la cruauté. Comment Hélène procède-t-elle pour assurer son pouvoir sur la petite fille ?

• Scène 7

– Pourquoi Polyxène pleure-t-elle ?

– Quels sentiments Hécube manifeste-t-elle à Hélène ? Comment Hélène répond-elle ?

– Pourquoi Andromaque reste-t-elle silencieuse ? Qu'a-t-elle obtenu ? Pourquoi cependant reste-t-elle ?

• Scène 8 : Andromaque ne semble plus croire que la guerre pourra être évitée. Que veut-elle désormais ? Pourquoi ? Retrouvez les étapes de son argumentation.

• Andromaque est sensible à la nature. Comment en parle-t-elle, au début de la scène ? Comparez avec les scènes 1, 2 et 6 de l'acte I.

• L'amour

– Quelle est la conception d'Andromaque ? Relevez ses paradoxes : que montrent-ils ? Son amour l'empêche-t-il de voir Hector avec lucidité ?

– Relevez les traits de moquerie de la part d'Hélène. Étudiez comment sa définition de l'amour s'oppose à celle d'Andromaque.

• Le thème du mensonge : quelle est son importance dans la scène ? Hélène et Andromaque s'opposent encore sur ce point : en quoi ? Quelles sont les deux conceptions de la vie qui se révèlent ainsi ?

• Pourquoi Hélène refuse-t-elle la pitié ? À propos de son expérience du malheur, Hélène parle de son enfance. Analysez les exemples donnés. Sous quel jour nouveau Hélène apparaît-elle ? Andromaque la comprend-elle ?

• Observez la répartition de la parole, les questions, les exclamations, les impératifs. Comment caractériseriez-vous la relation entre les deux femmes ?

• Comment comprenez-vous les deux dernières répliques de la scène 8 ?

INTERPRÉTATIONS

• Par-delà les différences de caractère, que symbolise chacun des personnages féminins en présence ? Deux conceptions de l'amour les opposent dans la scène 8. À quelle éthique correspond chacune d'entre elles ? Vous sentiriez-vous plutôt en accord avec Andromaque, ou avec Hélène ?

• Dans les trois scènes, quels sont les éléments qui évoquent une « comédie bourgeoise » ? Le tragique est-il cependant absent ?

SCÈNE 9. HÉLÈNE, ANDROMAQUE, OIAX, puis HECTOR.

OIAX. Où est-il ? Où se cache-t-il ? Un lâche ! Un Troyen !

HECTOR. Qui cherchez-vous ?

OIAX. Je cherche Pâris...

HECTOR. Je suis son frère.

5 OIAX. Belle famille ! Je suis Oiax ! Qui es-tu ?

HECTOR. On m'appelle Hector.

OIAX. Moi je t'appelle beau-frère de pute [1] !

HECTOR. Je vois que la Grèce nous a envoyé des négociateurs [2]. Que voulez-vous ?

10 OIAX. La guerre !

HECTOR. Rien à espérer. Vous la voulez pourquoi ?

OIAX. Ton frère a enlevé Hélène.

HECTOR. Elle était consentante, à ce que l'on m'a dit.

OIAX. Une Grecque fait ce qu'elle veut. Elle n'a pas à te
15 demander la permission. C'est un cas de guerre.

HECTOR. Nous pouvons vous offrir des excuses.

OIAX. Les Troyens n'offrent pas d'excuses. Nous ne partirons d'ici qu'avec votre déclaration de guerre.

---

1. **Beau-frère de pute** : variation en situation sur l'insulte sous sa forme « courante », *fils de pute*. La première version du passage (citée dans l'édition de la Pléiade) comportait avant cette injure « tête de cerf », ce qui est une citation d'une injure attestée dans l'*Iliade* : on peut apprécier la simplification et la condensation du style, obtenue par éloignement du modèle initial.

2. **Négociateurs** : mot long et solennel, après la vulgarité du ton d'Oiax.

Éris, la discorde.

HECTOR. Déclarez-la vous-mêmes.

20 OIAX. Parfaitement, nous la déclarerons, et dès ce soir.

HECTOR. Vous mentez. Vous ne la déclarerez pas. Aucune île de l'archipel[1] ne vous suivra si nous ne sommes pas les responsables... Nous ne le serons pas.

OIAX. Tu ne la déclareras pas, toi, personnellement, si je te 25 déclare que tu es un lâche ?

HECTOR. C'est un genre de déclaration que j'accepte.

OIAX. Je n'ai jamais vu manquer à ce point de réflexe militaire !... Si je te dis ce que la Grèce entière pense de Troie, que Troie est le vice, la bêtise ?...

30 HECTOR. Troie est l'entêtement. Vous n'aurez pas la guerre.

OIAX. Si je crache sur elle ?

HECTOR. Crachez.

OIAX. Si je te frappe, toi son prince ?

HECTOR. Essayez.

35 OIAX. Si je frappe en plein visage le symbole de sa vanité et de son faux honneur ?

HECTOR. Frappez...

OIAX, *le giflant.* Voilà... Si Madame est ta femme, Madame peut être fière.

40 HECTOR. Je la connais... Elle est fière.

---

1. **Île de l'archipel** : les Achéens, c'est-à-dire les Grecs, selon le « Catalogue » du chant II de l'*Iliade*, comportaient en effet de nombreux contingents d'insulaires. L'allusion renvoie probablement aussi au fait qu'à l'époque classique, la cité d'Athènes avait assuré sa prééminence, avec Périclès, grâce aux richesses qu'elle tirait de la « ligue de Délos » et, en particulier, par le tribut payé par ses alliés, dont les îles de la mer Égée.

SCÈNE 10. LES MÊMES, DEMOKOS.

DEMOKOS. Quel est ce vacarme ! Que veut cet ivrogne, Hector ?

HECTOR. Il ne veut rien. Il a ce qu'il veut.

DEMOKOS. Que se passe-t-il, Andromaque ?

5 ANDROMAQUE. Rien.

OIAX. Deux fois rien. Un Grec gifle Hector, et Hector encaisse.

DEMOKOS. C'est vrai, Hector ?

HECTOR. Complètement faux, n'est-ce pas, Hélène ?

10 HÉLÈNE. Les Grecs sont très menteurs. Les hommes grecs.

OIAX. C'est de nature qu'il a une joue plus rouge que l'autre ?

HECTOR. Oui. Je me porte bien de ce côté-là.

DEMOKOS. Dis la vérité, Hector. Il a osé porter la main sur 15 toi ?

HECTOR. C'est mon affaire.

DEMOKOS. C'est affaire de guerre. Tu es la statue même de Troie.

HECTOR. Justement. On ne gifle pas les statues.

20 DEMOKOS. Qui es-tu, brute ! Moi, je suis Demokos, second fils d'Achichaos[1] !

---

1. **Second fils d'Achichaos** : imitation ironique de la présentation rituelle par énoncé du nom et du nom du père, abondamment attestée chez Homère. La précision « second », inhabituelle chez Homère, prend une valeur péjorative, sur laquelle les répétitions d'Oiax vont insister.

OIAX. Second fils d'Achichaos ? Enchanté. Dis-moi, cela est-il aussi grave de gifler un second fils d'Achichaos que de gifler Hector ?

25 DEMOKOS. Tout aussi grave, ivrogne. Je suis chef du Sénat. Si tu veux la guerre, la guerre jusqu'à la mort, tu n'as qu'à essayer.

OIAX. Voilà... J'essaye.

Il gifle Demokos.

30 DEMOKOS. Troyens ! Soldats ! Au secours !

HECTOR. Tais-toi, Demokos !

DEMOKOS. Aux armes ! On insulte Troie ! Vengeance !

HECTOR. Je te dis de te taire.

DEMOKOS. Je crierai !... J'ameuterai la ville !

35 HECTOR. Tais-toi !... Ou je te gifle !

DEMOKOS. Priam ! Anchise ! Venez voir la honte de Troie. Elle a Hector pour visage.

HECTOR. Tiens !

Hector a giflé Demokos. Oiax s'esclaffe.

SCÈNE 11. LES MÊMES.

Pendant la scène, Priam et les notables viennent se grouper en face du passage par où doit entrer Ulysse.

PRIAM. Pourquoi ces cris, Demokos ?

DEMOKOS. On m'a giflé.

OIAX. Va te plaindre à Achichaos !

PRIAM. Qui t'a giflé ?

5 DEMOKOS. Hector ! Oiax ! Hector ! Oiax !

PÂRIS. Qu'est-ce qu'il raconte ? Il est fou !

HECTOR. On ne l'a pas giflé du tout, n'est-ce pas, Hélène ?

HÉLÈNE. Je regardais pourtant bien, je n'ai rien vu.

OIAX. Ses deux joues sont de la même couleur.

10 PÂRIS. Les poètes s'agitent souvent sans raison. C'est ce qu'ils appellent leurs transes[1]. Il va nous en sortir notre chant national.

DEMOKOS. Tu me le paieras, Hector...

DES VOIX. Ulysse. Voici Ulysse...

15 *Oiax s'est avancé tout cordial vers Hector.*

OIAX. Bravo ! Du cran. Noble adversaire. Belle gifle...

HECTOR. J'ai fait de mon mieux.

OIAX. Excellente méthode aussi. Coude fixe. Poignet biaisé. Grande sécurité pour carpe et métacarpe[2]. Ta gifle doit être
20 plus forte que la mienne.

HECTOR. J'en doute.

OIAX. Tu dois admirablement lancer le javelot avec ce radius en fer et ce cubitus à pivot.

---

1. **Transes :** voir acte I, scène 6 (note 2, p. 82).
2. **Carpe et métacarpe :** os de la main. Le style nominal dans toute la réplique évoque les commentaires de matchs de boxe.

HECTOR. Soixante-dix mètres [1].

25 OIAX. Révérence ! Mon cher Hector, excuse-moi. Je retire mes menaces. Je retire ma gifle. Nous avons des ennemis communs, ce sont les fils d'Achichaos. Je ne me bats pas contre ceux qui ont avec moi pour ennemis les fils d'Achichaos. Ne parlons plus de guerre. Je ne sais ce qu'Ulysse
30 rumine, mais compte sur moi pour arranger l'histoire...

Il va au-devant d'Ulysse avec lequel il rentrera.

ANDROMAQUE. Je t'aime, Hector.

HECTOR, *montrant sa joue.* Oui. Mais ne m'embrasse pas encore tout de suite, veux-tu ?

35 ANDROMAQUE. Tu as gagné encore ce combat. Aie confiance.

HECTOR. Je gagne chaque combat. Mais de chaque victoire l'enjeu s'envole.

---

[1]. **Soixante-dix mètres** : le record olympique de Jarvinen était précisément, depuis 1932, de 72,71 m : Hector n'en est pas si loin !

REPÈRES

• Comment s'explique la présence des personnages féminins ? Quelle continuité s'établit avec les scènes précédentes ?
• Qui est Oiax ? Quels personnages son irruption dans le square précède-t-elle ? Quand cette arrivée a-t-elle été annoncée ?
• Quels éléments communs relient ces trois scènes ?

OBSERVATION

• Relevez la première réplique de la scène 9 : quel état d'esprit dénote-t-elle ? Pourquoi le spectateur identifie-t-il rapidement le personnage ?
• La scène 9 se caractérise par une grande violence. Classez les provocations et les insultes successives : lesquelles vous paraissent relever de l'épopée ? De la vulgarité ?
• Comment Hector résiste-t-il ? Quelle est son argumentation ? Montrez la maîtrise du personnage dans ses actes et ses paroles.
• Étudiez les jeux de symétrie et d'opposition, dans les scènes 9 et 10, au niveau de la situation, des gestes et de la psychologie.
• Quelle raison explique le revirement d'Oiax lorsque Hector gifle Demokos ? Quel portrait du personnage se dessine dans la scène 11 ? Appréciez son langage.
• Hector partage-t-il son enthousiasme ? Commentez sa dernière remarque : dans quelle scène tient-il les mêmes propos ?
• Quel rôle jouent les personnages féminins dans les trois scènes ? Appréciez l'humour dans les répliques d'Hélène. Andromaque reste silencieuse presque jusqu'au bout : pourquoi ?
• Giraudoux est dramaturge, mais aussi poète : étudiez les reprises de vocabulaire, les rythmes et les effets de stichomythie.

INTERPRÉTATIONS

• Quel jeu de scène est repris dans les scènes 9 et 10 ? À quel genre théâtral se rattache-t-il ? Quel est l'effet produit par cet intermède ?
• Le thème de la provocation verbale : Giraudoux ne met-il pas à l'œuvre ici les théories de Demokos? Voyez à l'acte II, scène 4.
• La violence des trois scènes est tempérée par l'humour de leur traitement : à quelles pièces célèbres font-elles allusion ? Peut-on parler ici de pastiches ?

Scène 12. Priam, Hécube, Hector, Pâris, les Troyens, le Gabier, Olpidès, Iris, les Troyennes, Ulysse, Oiax et leur suite.

Ulysse. Priam et Hector, je pense ?

Priam. Eux-mêmes. Et derrière eux, Troie, et les faubourgs de Troie, et la campagne de Troie, et l'Hellespont [1], et ce pays comme un poing fermé qui est la Phrygie [2]. Vous êtes Ulysse ?

5 Ulysse. Je suis Ulysse.

Priam. Et voilà Anchise [3]. Et derrière lui, la Thrace [4], le Pont [5], et cette main ouverte qu'est la Tauride [6].

Ulysse. Beaucoup de monde pour une conversation diplomatique.

10 Priam. Et voici Hélène.

Ulysse. Bonjour, reine.

Hélène. J'ai rajeuni ici, Ulysse. Je ne suis plus que princesse.

Priam. Nous vous écoutons.

Oiax. Ulysse, parle à Priam. Moi je parle à Hector.

---

1. **Hellespont** : nom grec du détroit des Dardanelles (Gallipoli), actuellement en Turquie.
2. **Phrygie** : région d'Asie Mineure. Les Troyens sont parfois alliés des Phrygiens, parfois appelés eux-mêmes ainsi dans l'*Iliade*.
3. **Anchise** : prince troyen, aimé d'Aphrodite et père d'Énée, connu par Homère et les *Hymnes homériques*, mais surtout par l'*Énéide*.
4. **Thrace** : région au nord de la Grèce, réputée sauvage.
5. **Pont** : par abréviation pour Pont-Euxin, désignation antique de la mer Noire, puis du royaume hellénistique installé sur ses bords au nord-est de l'Asie.
6. **Tauride** : nom grec de la région située au nord de la mer Noire, correspondant à l'actuelle Crimée. Elle avait aussi une réputation de sauvagerie dans l'Antiquité : les Grecs y situaient la Toison d'or et croyaient qu'Artémis y avait enlevé Iphigénie (voir l'*Iphigénie en Tauride* d'Euripide).

15 ULYSSE. Priam, nous sommes venus pour reprendre Hélène.

OIAX. Tu le comprends, n'est-ce pas, Hector ? Ça ne pouvait pas se passer comme ça !

ULYSSE. La Grèce et Ménélas crient vengeance.

OIAX. Si les maris trompés ne criaient pas vengeance, qu'est-
20 ce qu'il leur resterait ?

ULYSSE. Qu'Hélène nous soit donc rendue dans l'heure même. Ou c'est la guerre.

OIAX. Il y a les adieux à faire.

HECTOR. Et c'est tout ?

25 ULYSSE. C'est tout.

OIAX. Ce n'est pas long, tu vois, Hector ?

HECTOR. Ainsi, si nous vous rendons Hélène, vous nous assurez la paix.

OIAX. Et la tranquillité.

30 HECTOR. Si elle s'embarque dans l'heure, l'affaire est close.

OIAX. Et liquidée.

HECTOR. Je crois que nous allons pouvoir nous entendre, n'est-ce pas, Hélène ?

HÉLÈNE. Oui, je le pense.

35 ULYSSE. Vous ne voulez pas dire qu'Hélène va nous être rendue ?

HECTOR. Cela même. Elle est prête.

OIAX. Pour les bagages, elle en aura toujours plus au retour qu'elle n'en avait au départ[1].

40 HECTOR. Nous vous la rendons, et vous garantissez la paix. Plus de représailles, plus de vengeance ?

OIAX. Une femme perdue, une femme retrouvée[2], et c'est justement la même. Parfait ! N'est-ce pas, Ulysse ?

ULYSSE. Pardon ! Je ne garantis rien. Pour que nous renon-
45 cions à toutes représailles, il faudrait qu'il n'y eût pas prétexte à représailles. Il faudrait que Ménélas retrouvât Hélène dans l'état même où elle lui fut ravie.

HECTOR. À quoi reconnaîtra-t-il un changement ?

ULYSSE. Un mari est subtil quand un scandale mondial l'a
50 averti[3]. Il faudrait que Pâris eût respecté Hélène. Et ce n'est pas le cas...

LA FOULE. Ah non ! ce n'est pas le cas !

UNE VOIX. Pas précisément !

HECTOR. Et si c'était le cas ?

55 ULYSSE. Où voulez-vous en venir, Hector ?

HECTOR. Pâris n'a pas touché Hélène. Tous deux m'ont fait leurs confidences.

ULYSSE. Quelle est cette histoire ?

HECTOR. La vraie histoire, n'est-ce pas, Hélène ?

---

1. **Au départ** : allusion au fait que Pâris a enlevé Hélène au bain, donc nue (acte I, sc. 4). Dans la tradition pourtant, il est souvent question de nombreux trésors emportés avec elle...
2. **Retrouvée** : allusion au proverbe « Une de perdue, dix de retrouvées ».
3. **Subtil... averti** : la subtilité est la qualité essentielle d'Ulysse chez Homère. Sa phrase, concernant Ménélas de manière indéfinie (« Un mari... »), en résonne d'autant plus ironiquement.

60 HÉLÈNE. Qu'a-t-elle d'extraordinaire ?

UNE VOIX. C'est épouvantable ! Nous sommes déshonorés !

HECTOR. Qu'avez-vous à sourire, Ulysse ? Vous voyez sur Hélène le moindre indice d'une défaillance à son devoir ?

ULYSSE. Je ne le cherche pas. L'eau sur le canard marque
65 mieux que la souillure sur la femme[1].

PÂRIS. Tu parles à une reine.

ULYSSE. Exceptons les reines naturellement... Ainsi, Pâris, vous avez enlevé cette reine, vous l'avez enlevée nue ; vous-même, je pense, n'étiez pas dans l'eau avec cuissard et
70 armure, et aucun goût d'elle, aucun désir d'elle ne vous a saisi ?

PÂRIS. Une reine nue est couverte par sa dignité.

HÉLÈNE. Elle n'a qu'à ne pas s'en dévêtir.

ULYSSE. Combien a duré le voyage ? J'ai mis trois jours avec
75 mes vaisseaux, et ils sont plus rapides que les vôtres.

DES VOIX. Quelles sont ces intolérables insultes à la marine troyenne ?

UNE VOIX. Vos vents sont plus rapides ! Pas vos vaisseaux !

ULYSSE. Mettons trois jours, si vous voulez. Où était la
80 reine, pendant ces trois jours ?

PÂRIS. Sur le pont étendue.

ULYSSE. Et Pâris. Dans la hune[2] ?

---

1. **La souillure sur la femme** : maxime à l'allure d'un proverbe oriental, mais probablement inventée par Giraudoux.
2. **Hune** : plate-forme de guet fixée à mi-hauteur du mât d'un navire. Dans le contexte, l'expression évoque la locution « être dans la *lune* ».

HÉLÈNE. Étendu près de moi.

ULYSSE. Il lisait, près de vous ? Il pêchait la dorade ?

85 HÉLÈNE. Parfois il m'éventait.

ULYSSE. Sans jamais vous toucher ?...

HÉLÈNE. Un jour, le deuxième, il m'a baisé la main.

ULYSSE. La main ! Je vois. Le déchaînement de la brute.

HÉLÈNE. J'ai cru digne de ne pas m'en apercevoir.

90 ULYSSE. Le roulis ne vous a pas poussés l'un vers l'autre ?...
Je pense que ce n'est pas insulter la marine troyenne de dire
que ses bateaux roulent...

UNE VOIX. Ils roulent beaucoup moins que les bateaux grecs
ne tanguent.

95 OIAX. Tanguer, nos bateaux grecs ! S'ils ont l'air de tanguer,
c'est à cause de leur proue surélevée et de leur arrière qu'on
évide !...

UNE VOIX. Oh ! oui ! La face arrogante et le cul plat, c'est
tout grec...

100 ULYSSE. Et les trois nuits ? Au-dessus de votre couple, les
étoiles ont paru et disparu trois fois. Rien ne vous est
demeuré, Hélène, de ces trois nuits ?

HÉLÈNE. Si... Si ! J'oubliais ! Une bien meilleure science des
étoiles.

105 ULYSSE. Pendant que vous dormiez, peut-être... il vous a
prise...

HÉLÈNE. Un moucheron m'éveille...

HECTOR. Tous deux vous le jureront, si vous voulez, sur votre déesse Aphrodite [1].

110 ULYSSE. Je leur en fais grâce. Je la connais, Aphrodite ! Son serment favori c'est le parjure [2]... Curieuse histoire, et qui va détruire dans l'Archipel l'idée qu'il y avait des Troyens.

PÂRIS. Que pensait-on des Troyens, dans l'Archipel ?

ULYSSE. On les y croit moins doués que nous pour le négoce, 115 mais beaux et irrésistibles. Poursuivez vos confidences, Pâris. C'est une intéressante contribution à la physiologie. Quelle raison a bien pu vous pousser à respecter Hélène quand vous l'aviez à merci ?...

PÂRIS. Je... je l'aimais.

120 HÉLÈNE. Si vous ne savez pas ce que c'est que l'amour, Ulysse, n'abordez pas ces sujets-là.

ULYSSE. Avouez, Hélène, que vous ne l'auriez pas suivi, si vous aviez su que les Troyens sont impuissants...

UNE VOIX. C'est une honte !

125 UNE VOIX. Qu'on le musèle.

UNE VOIX. Amène ta femme, et tu verras.

UNE VOIX. Et ta grand-mère !

ULYSSE. Je me suis mal exprimé. Que Pâris, le beau Pâris, fût impuissant...

130 UNE VOIX. Est-ce que tu vas parler, Pâris ? Vas-tu nous rendre la risée du monde ?

---

1. **Votre déesse Aphrodite** : dans cette scène, les dieux grecs ont leur nom grec et non plus latin (cf. Vénus, acte I, sc. 4 et sc. 5). Noter l'usage du pronom personnel à valeur péjorative.
2. **Parjure** : faux serment, violation de serment.

PÂRIS. Hector, vois comme ma situation est désagréable !

HECTOR. Tu n'en as plus que pour une minute... Adieu,
Hélène. Et que ta vertu devienne aussi proverbiale qu'aurait
135 pu l'être ta facilité.

HÉLÈNE. Je n'avais pas d'inquiétude. Les siècles vous
donnent toujours le mérite qui est le vôtre.

ULYSSE. Pâris l'impuissant, beau surnom !... Vous pouvez
l'embrasser, Hélène, pour une fois.

140 PÂRIS. Hector !

LE PREMIER GABIER. Est-ce que vous allez supporter cette
farce, commandant ?

HECTOR. Tais-toi ! C'est moi qui commande ici !

LE GABIER. Vous commandez mal ! Nous, les gabiers de
145 Pâris, nous en avons assez. Je vais le dire, moi, ce qu'il a fait
à votre reine !...

DES VOIX. Bravo ! Parle !

LE GABIER. Il se sacrifie sur l'ordre de son frère. Moi, j'étais
officier de bord. J'ai tout vu.

150 HECTOR. Tu t'es trompé.

LE GABIER. Vous pensez qu'on trompe l'œil d'un marin
troyen ? À trente pas je reconnais les mouettes borgnes. Viens
à mon côté, Olpidès[1]. Il était dans la hune, celui-là. Il a tout
vu d'en haut. Moi, ma tête passait de l'escalier des soutes.
155 Elle était juste à leur hauteur, comme un chat devant un lit...
Faut-il le dire, Troyens ?

HECTOR. Silence.

---

1. **Olpidès** : nom à consonance grecque inventé par Giraudoux.

DES VOIX. Parle ! Qu'il parle !

LE GABIER. Et il n'y avait pas deux minutes qu'ils étaient à
160 bord, n'est-ce pas, Olpidès ?

OLPIDÈS. Le temps d'éponger la reine et de refaire sa raie.
Vous pensez si je voyais la raie de la reine[1], du front à la
nuque, de là-haut.

LE GABIER. Et il nous a tous envoyés dans la cale, excepté
165 nous deux qu'il n'a pas vus...

OLPIDÈS. Et sans pilote, le navire filait droit nord. Sans
vents, la voile était franc grosse[2]...

LE GABIER. Et de ma cachette, quand j'aurais dû voir la
tranche d'un seul corps, toute la journée j'ai vu la tranche de
170 deux, un pain de seigle sur un pain de blé... Des pains qui
cuisaient, qui levaient. De la vraie cuisson.

OLPIDÈS. Et moi d'en haut, j'ai vu plus souvent un seul corps
que deux, tantôt blanc, comme le gabier le dit, tantôt doré.
À quatre bras et quatre jambes...

175 LE GABIER. Voilà pour l'impuissance ! Et pour l'amour
moral, Olpidès, pour la partie affection, dis ce que tu enten-
dais de ton tonneau ! Les paroles des femmes montent, celles
des hommes s'étalent. Je dirai ce que disait Pâris...

OLPIDÈS. Elle l'a appelé sa perruche, sa chatte.

---

1. **La raie de la reine** : au double sens anatomique s'ajoute le jeu phonique,
dans le ton d'Offenbach et de son fameux « L'époux de la reine ».
2. **Franc grosse** : expression forgée par Giraudoux probablement par
« mixage » entre *parler franc* et *une mer grosse*.

180 LE GABIER. Lui son puma, son jaguar[1]. Ils intervertissaient les sexes. C'est de la tendresse. C'est bien connu.

OLPIDÈS. Tu es mon hêtre, disait-elle aussi. Je t'étreins juste comme un hêtre, disait-elle... Sur la mer on pense aux arbres.

LE GABIER. Et toi mon bouleau, lui disait-il, mon bouleau 185 frémissant ! Je me rappelle bien le mot « bouleau ». C'est un arbre russe.

OLPIDÈS. Et j'ai dû rester jusqu'à la nuit dans la hune. On a faim et soif là-haut. Et le reste.

LE GABIER. Et quand ils se désenlaçaient, ils se léchaient du 190 bout de la langue, parce qu'ils se trouvaient salés.

OLPIDÈS. Et quand ils se sont mis debout, pour aller enfin se coucher, ils chancelaient...

LE GABIER. Et voilà ce qu'elle aurait eu, ta Pénélope, avec cet impuissant.

195 DES VOIX. Bravo ! Bravo !

UNE VOIX DE FEMME. Gloire à Pâris !

UN HOMME JOVIAL. Rendons à Pâris ce qui revient à Pâris[2] !

HECTOR. Ils mentent, n'est-ce pas, Hélène ?

200 ULYSSE. Hélène écoute, charmée.

HÉLÈNE. J'oubliais qu'il s'agissait de moi. Ces hommes ont de la conviction.

---

1. **Puma, jaguar** : l'édition J. Body cite le critique L. Dubech qui écrivait en novembre 1935 : « Les héros de la guerre de Troie emploient le système métrique, ou bien se donnent des noms empruntés à la faune américaine. » La correspondance de Giraudoux a permis d'apprendre que ces noms d'animaux étaient un écho de sa vie intime.
2. **À Pâris** : variation sur l'expression « rendre à César ce qui est à César ».

ULYSSE. Ose dire qu'ils mentent, Pâris ?

PÂRIS. Dans les détails, quelque peu.

205 LE GABIER. Ni dans le gros ni dans les détails. N'est-ce pas, Olpidès ? Vous contestez vos expressions d'amour, commandant ? Vous contestez le mot « puma » ?

PÂRIS. Pas spécialement le mot « puma » !...

LE GABIER. Le mot « bouleau », alors ? Je vois. C'est le mot
210 « bouleau frémissant » qui vous offusque. Tant pis, vous l'avez dit. Je jure que vous l'avez dit, et d'ailleurs il n'y a pas à rougir du mot « bouleau ». J'en ai vu des bouleaux frémissants l'hiver, le long de la Caspienne [1], et sur la neige, avec leurs bagues d'écorce noire qui semblaient séparées par
215 le vide, on se demandait ce qui portait les branches. Et j'en ai vu en plein été, dans le chenal près d'Astrakhan [2], avec leurs bagues blanches comme celles des bons champignons, juste au bord de l'eau, mais aussi dignes que le saule est mollasse. Et quand vous avez dessus un de ces gros corbeaux
220 gris et noir, tout l'arbre tremble, plie à casser, et je lui lançais des pierres jusqu'à ce qu'il s'envolât, et toutes les feuilles alors me parlaient et me faisaient signe [3]. Et à les voir frissonner, en or par-dessus, en argent par-dessous, vous vous sentez le cœur plein de tendresse ! Moi, j'en aurais pleuré, n'est-ce pas,
225 Olpidès ! Voilà ce que c'est qu'un bouleau !

LA FOULE. Bravo ! Bravo !

---

1. **Caspienne** : mer intérieure de Russie, aux confins de l'Europe et de l'Asie.
2. **Astrakhan** : ville d'une île de la mer Caspienne, célèbre pour ses fourrures.
3. **Faisaient signe** : amorce du thème du « faire signe » développé par Égisthe à propos d'Électre (*Électre,* acte I, scène 3).

UN AUTRE MARIN. Et il n'y a pas que le gabier et Olpidès qui les aient vus, Priam. Du soutier[1] à l'enseigne[2], nous étions tous ressortis du navire par les hublots, et tous, cram-
230 ponnés à la coque, nous regardions par-dessous la lisse[3]. Le navire n'était qu'un instrument à voir.

UN TROISIÈME MARIN. À voir l'amour.

ULYSSE. Et voilà, Hector !

HECTOR. Taisez-vous tous.

235 LE GABIER. Tiens, fais taire celle-là !

Iris[4] apparaît dans le ciel.

LE PEUPLE. Iris ! Iris !

PÂRIS. C'est Aphrodite qui t'envoie ?

IRIS. Oui, Aphrodite, elle me charge de vous dire que
240 l'amour est la loi du monde. Que tout ce qui double l'amour devient sacré, que ce soit le mensonge, l'avarice, ou la luxure. Que tout amoureux, elle le prend sous sa garde, du roi au berger en passant par l'entremetteur. J'ai bien dit : l'entre-metteur. S'il en est un ici, qu'il soit salué. Et qu'elle vous
245 interdit à vous deux, Hector et Ulysse, de séparer Pâris d'Hélène. Ou il y aura la guerre.

PÂRIS, LES VIEILLARDS. Merci, Iris !

---

1. **Soutier** : matelot chargé d'alimenter les chaufferies en charbon. Terme datant de la fin du XIXe siècle.
2. **Enseigne** : anciennement, grade d'officier de la marine royale.
3. **Lisse** : terme de marine désignant les pièces de la membrure de la coque ou, comme ici, la pièce placée le long de la partie supérieure de la coque, servant de main courante et d'appui.
4. **Iris** : déesse messagère des dieux, dont l'arc-en-ciel est réputé être l'écharpe (voir *Électre*, acte II, scène 8).

HECTOR. Et de Pallas [1] aucun message ?

IRIS. Oui, Pallas me charge de vous dire que la raison est la
250 loi du monde. Tout être amoureux, vous fait-elle dire, dérai-
sonne. Elle vous demande de lui avouer franchement s'il y a
plus bête que le coq sur la poule ou la mouche sur la mouche.
Elle n'insiste pas. Et elle vous ordonne, à vous Hector et vous
Ulysse, de séparer Hélène de ce Pâris à poil frisé. Ou il y aura
255 la guerre...

HECTOR, LES FEMMES. Merci, Iris !

PRIAM. Ô mon fils, ce n'est ni Aphrodite, ni Pallas qui
règlent l'univers. Que nous commande Zeus [2], dans cette
incertitude ?

260 IRIS. Zeus, le maître des Dieux, vous fait dire que ceux qui
ne voient que l'amour dans le monde sont aussi bêtes que
ceux qui ne le voient pas. La sagesse, vous fait dire Zeus, le
maître des Dieux, c'est tantôt de faire l'amour et tantôt de
ne pas le faire. Les prairies semées de coucous et de violettes,
265 à son humble et impérieux avis, sont aussi douces à ceux qui
s'étendent l'un sur l'autre qu'à ceux qui s'étendent l'un près
de l'autre [3], soit qu'ils lisent, soit qu'ils soufflent sur la sphère
aérée du pissenlit, soit qu'ils pensent au repas du soir ou à
la république [4]. Il s'en rapporte donc à Hector et à Ulysse

---

1. **Pallas** : un des noms de la déesse Athéna, déesse de la guerre, mais aussi
de la sagesse, des arts et des sciences.

2. **Zeus** : dieu suprême de la mythologie grecque, depuis qu'il a détrôné son
père Cronos et que les Olympiens ont vaincu les Titans, selon la *Théogonie*
d'Hésiode.

3. **Qui s'étendent l'un près de l'autre** : les prairies fleuries sont le cadre
conventionnel des enlèvements de jeunes filles et des scènes amoureuses
(enlèvement de Koré-Perséphone dans l'*Hymne à Déméter*, scène d'amour entre
Zeus et Héra au chant XIV de l'*Iliade*). La violette y est fréquemment
mentionnée, mais non le coucou ni le pissenlit.

4. **République** : ici dans le sens étymologique d'État (lat. *res publica*). Le comique
de l'expression est dû à la mise sur le même plan de deux choses d'importance
très différente, mais aussi à l'assonance entre « repas » et « répu- ».

270 pour que l'on sépare Hélène et Pâris tout en ne les séparant pas. Il ordonne à tous les autres de s'éloigner, et de laisser face à face les négociateurs. Et que ceux-là s'arrangent pour qu'il n'y ait pas la guerre. Ou alors, il vous le jure et il n'a jamais menacé en vain, il vous jure qu'il y aura la guerre.

275 HECTOR. À vos ordres, Ulysse !

ULYSSE. À vos ordres.

Tous se retirent. On voit une grande écharpe se former dans le ciel.

HÉLÈNE. C'est bien elle. Elle a oublié sa ceinture à mi-
280 chemin.

Repères

• Dans quelles scènes précédentes de l'acte II l'arrivée d'Ulysse est-elle annoncée ?

• Qu'est-ce qu'un « gabier » ? À la scène 4 de l'acte I, Pâris citait ses gabiers. Quel rôle, important pour la scène 12 de l'acte II, ont-ils joué lors de l'enlèvement d'Hélène ?

• Qui est Iris ?

• En quoi la scène 12 s'oppose-t-elle aux scènes 9, 10 et 11 qui la précèdent (longueur, personnages en présence...) ? Quelle attente du spectateur cela suscite-t-il ?

Observation

• Indiquez les différents moments de cette scène en montrant comment leur enchaînement accroît la tension dramatique.

• En étudiant la répartition de la parole dans la scène, dites qui a l'initiative dans les différents moments. Quand Hector intervient-il et pourquoi ?

• Quels tons successifs Ulysse utilise-t-il ? Quels sont ses alliés ? Quel rôle Oiax joue-t-il dans l'ambassade ?

• Hélène et Pâris soutiennent Hector, mais le font-ils avec la même conviction ? Pourquoi ?

• **La foule**

– Après avoir repéré ce qui provoque l'intervention de la foule, la manière dont elle s'exprime et le contenu de ses paroles, vous la caractériserez.

– Quel rôle joue-t-elle ?

– Peut-on distinguer entre les Troyens et les Troyennes, comme semble l'indiquer la liste des personnages en scène ?

• Les matelots témoignent-ils toujours sur le même ton et dans le même registre de langue ? La description du bouleau est-elle une digression dans le témoignage du Gabier ?

• Quelle image des dieux cette scène donne-t-elle ? Commentez la « sagesse » de Zeus.

• Cette scène, qui devrait être solennelle et d'une importance capitale, est à la fois dramatique et comique. Sur quoi repose le comique ?

INTERPRÉTATIONS

• Ulysse mérite-t-il sa réputation légendaire d'homme rusé et son appellation : « Ulysse aux mille tours » ?

• Comment peut-on justifier l'arrivée et l'intervention d'Iris ?

• Pâris invoque Aphrodite, Hector Pallas, Priam Zeus. Cette « distribution » vous surprend-elle ?

• Qui, à votre avis, est vainqueur dans cet affrontement ? Ulysse ou Hector ?

• La scène permet-elle de répondre à la question : la guerre aura-t-elle lieu ou non ? Quel est son rôle ?

SCÈNE 13. ULYSSE, HECTOR.

HECTOR. Et voilà le vrai combat, Ulysse.

ULYSSE. Le combat d'où sortira ou ne sortira pas la guerre, oui.

HECTOR. Elle en sortira ?

5 ULYSSE. Nous allons le savoir dans cinq minutes.

HECTOR. Si c'est un combat de paroles, mes chances sont faibles.

ULYSSE. Je crois que cela sera plutôt une pesée. Nous avons vraiment l'air d'être chacun sur le plateau d'une balance. Le
10 poids parlera[1]...

HECTOR. Mon poids ? Ce que je pèse, Ulysse ? Je pèse un homme jeune, une femme jeune, un enfant à naître. Je pèse la joie de vivre, la confiance de vivre, l'élan vers ce qui est juste et naturel.

15 ULYSSE. Je pèse l'homme adulte, la femme de trente ans, le fils que je mesure chaque mois avec des encoches, contre le chambranle du palais... Mon beau-père prétend que j'abîme la menuiserie... Je pèse la volupté de vivre et la méfiance de la vie.

20 HECTOR. Je pèse la chasse, le courage, la fidélité, l'amour.

ULYSSE. Je pèse la circonspection devant les dieux, les hommes, et les choses.

---

1. **Le poids parlera** : transposition de la scène de l'*Iliade* (XXII, 209) dans laquelle Zeus pèse sur une balance les sorts d'Hector et d'Achille ; chez Homère, la balance penche du côté d'Hector, signifiant sa mort. J. Body remarque que « la pesée est une des images favorites de Giraudoux, [...] pesée toujours paradoxale, nuance imperceptible ou rapprochement inattendu, pesée d'impondérables sur une balance qui s'incline sous le poids du plus léger – ici l'air ».

HECTOR. Je pèse le chêne phrygien, tous les chênes phrygiens feuillus et trapus, épars sur nos collines avec nos bœufs
25 frisés.

ULYSSE. Je pèse l'olivier.

HECTOR. Je pèse le faucon, je regarde le soleil en face.

ULYSSE. Je pèse la chouette.

HECTOR. Je pèse tout un peuple de paysans débonnaires,
30 d'artisans laborieux, de milliers de charrues, de métiers à tis-
ser, de forges et d'enclumes... Oh ! pourquoi, devant vous,
tous ces poids me paraissent-ils tout à coup si légers !

ULYSSE. Je pèse ce que pèse cet air incorruptible et impitoyable sur la côte et sur l'Archipel.

35 HECTOR. Pourquoi continuer ? La balance s'incline.

ULYSSE. De mon côté ?... Oui, je le crois.

HECTOR. Et vous voulez la guerre ?

ULYSSE. Je ne la veux pas. Mais je suis moins sûr de ses
intentions à elle.

40 HECTOR. Nos peuples nous ont délégués tous deux ici pour
la conjurer. Notre seule réunion signifie que rien n'est
perdu...

ULYSSE. Vous êtes jeune, Hector !... À la veille de toute
guerre, il est courant que deux chefs des peuples en conflit se
45 rencontrent seuls dans quelque innocent village, sur la terrasse au bord d'un lac [1], dans l'angle d'un jardin. Et ils
conviennent que la guerre est le pire fléau du monde, et tous
deux, à suivre du regard ces reflets et ces rides sur les eaux,

---

[1]. **Terrasse au bord d'un lac** : en 1935, ces mots évoquent les conférences de
Locarno (1925), Lausanne (1932) et Stresa (avril 1935), ainsi que le siège de
la Société des Nations à Genève.

à recevoir sur l'épaule ces pétales de magnolias, ils sont paci-
50 fiques, modestes, loyaux. Et ils s'étudient. Ils se regardent. Et,
tiédis par le soleil, attendris par un vin clairet[1], ils ne
trouvent dans le visage d'en face aucun trait qui justifie la
haine, aucun trait qui n'appelle l'amour humain, et rien
d'incompatible non plus dans leurs langages, dans leur façon
55 de se gratter le nez ou de boire. Et ils sont vraiment combles
de paix, de désirs de paix. Et ils se quittent en se serrant les
mains, en se sentant des frères. Et ils se retournent de leur
calèche pour se sourire... Et le lendemain pourtant éclate la
guerre... Ainsi nous sommes tous deux maintenant... Nos
60 peuples autour de l'entretien se taisent et s'écartent, mais ce
n'est pas qu'ils attendent de nous une victoire sur l'inéluctable. C'est seulement qu'ils nous ont donné pleins pouvoirs,
qu'ils nous ont isolés, pour que nous goûtions mieux, au-
dessus de la catastrophe, notre fraternité d'ennemis. Goûtons-
65 la. C'est un plat de riches. Savourons-la... Mais c'est tout. Le
privilège des grands, c'est de voir les catastrophes d'une
terrasse.

HECTOR. C'est une conversation d'ennemis que nous avons
là ?

70 ULYSSE. C'est un duo avant l'orchestre. C'est le duo des réci-
tants avant la guerre. Parce que nous avons été créés sensés,
justes et courtois, nous nous parlons, une heure avant la
guerre, comme nous nous parlerons longtemps après, en
anciens combattants. Nous nous réconcilions avant la lutte
75 même, c'est toujours cela. Peut-être d'ailleurs avons-nous
tort. Si l'un de nous doit un jour tuer l'autre et arracher pour
reconnaître sa victime la visière de son casque, il vaudrait
peut-être mieux qu'il ne lui donnât pas un visage de frère...
Mais l'univers le sait, nous allons nous battre.

---

1. **Vin clairet** : vin léger et peu coloré.

80 HECTOR. L'univers peut se tromper. C'est à cela qu'on reconnaît l'erreur, elle est universelle.

ULYSSE. Espérons-le. Mais quand le destin, depuis des années, a surélevé deux peuples, quand il leur a ouvert le même avenir d'invention et d'omnipotence, quand il a fait de
85 chacun, comme nous l'étions tout à l'heure sur la bascule, un poids précieux et différent pour peser le plaisir, la conscience et jusqu'à la nature, quand par leurs architectes, leurs poètes, leurs teinturiers, il leur a donné à chacun un royaume opposé de volumes, de sons et de nuances, quand il leur a fait inven-
90 ter le toit en charpente troyen et la voûte thébaine[1], le rouge phrygien et l'indigo grec[2], l'univers sait bien qu'il n'entend pas préparer ainsi aux hommes deux chemins de couleur et d'épanouissement, mais se ménager son festival, le déchaî-nement de cette brutalité et de cette folie humaines qui seules
95 rassurent les dieux. C'est de la petite politique, j'en conviens. Mais nous sommes chefs d'État, nous pouvons bien entre nous deux le dire : c'est couramment celle du Destin.

HECTOR. Et c'est Troie et c'est la Grèce qu'il a choisies cette fois ?

100 ULYSSE. Ce matin j'en doutais encore. J'ai posé le pied sur votre estacade, et j'en suis sûr.

HECTOR. Vous vous êtes senti sur un sol ennemi ?

---

1. **Le toit en charpente troyen et la voûte thébaine** : l'opposition en question dans le passage entre les deux civilisations, grecque et troyenne, implique qu'il s'agit de Thèbes en Grèce et non de Thèbes d'Égypte, comme le supposait C. Poisson. L'archéologie a d'ailleurs montré que Thèbes en Béotie remontait au moins à l'époque mycénienne, et l'on sait par les palais et tombes « à coupole » que la technique de la voûte était connue en Grèce au IIe millénaire av. J.-C.
2. **Le rouge phrygien et l'indigo grec** : on a déjà parlé des teintures rouges tirées de la pourpre et de l'amarante. Ici, le rouge vient probablement par association de mots et d'idées du *bonnet phrygien* porté par les Révolutionnaires (voir la « cocarde », plus haut). L'« indigo » (violacé) ne vient pas de Grèce mais d'Inde, d'où son nom.

ULYSSE. Pourquoi toujours revenir à ce mot « ennemi » !
Faut-il vous le redire ? Ce ne sont pas les ennemis naturels
105 qui se battent. Il est des peuples que tout désigne pour une
guerre, leur peau, leur langue et leur odeur, ils se jalousent,
ils se haïssent, ils ne peuvent pas se sentir... Ceux-là ne se
battent jamais. Ceux qui se battent, ce sont ceux que le sort
a lustrés et préparés pour une même guerre : ce sont les
110 adversaires.

HECTOR. Et nous sommes prêts pour la guerre grecque ?

ULYSSE. À un point incroyable. Comme la nature munit les
insectes dont elle prévoit la lutte, de faiblesses et d'armes qui
se correspondent, à distance, sans que nous nous connais-
115 sions, sans que nous nous en doutions, nous nous sommes
élevés tous deux au niveau de notre guerre. Tout correspond
de nos armes et de nos habitudes comme des roues à pignon.
Et le regard de vos femmes, et le teint de vos filles sont les
seuls qui ne suscitent en nous ni la brutalité, ni le désir, mais
120 cette angoisse du cœur et de la joie qui est l'horizon de la
guerre. Frontons et leurs soutaches[1] d'ombre et de feu, hen-
nissements des chevaux, peplums[2] disparaissent à l'angle
d'une colonnade, le sort a tout passé chez vous à cette couleur
d'orage qui m'impose pour la première fois le relief de l'ave-
125 nir. Il n'y a rien à faire. Vous êtes dans la lumière de la guerre
grecque.

HECTOR. Et c'est ce que pensent aussi les autres Grecs ?

ULYSSE. Ce qu'ils pensent n'est pas plus rassurant. Les
autres Grecs pensent que Troie est riche, ses entrepôts magni-

---

1. **Soutaches** : galons ornant certains vêtements de type russe ou oriental. Le
mot est utilisé ici dans le sens de « frises ».
2. **Peplums** : voir note 1, p. 94.

130 fiques, sa banlieue fertile[1]. Ils pensent qu'ils sont à l'étroit sur du roc. L'or de vos temples, celui de vos blés et de votre colza[2] ont fait à chacun de nos navires, de nos promontoires, un signe qu'il n'oublie pas. Il n'est pas très prudent d'avoir des dieux et des légumes trop dorés.

135 HECTOR. Voilà enfin une parole franche... La Grèce en nous s'est choisi une proie. Pourquoi alors une déclaration de guerre ? Il était plus simple de profiter de mon absence pour bondir sur Troie. Vous l'auriez eue sans coup férir.

ULYSSE. Il est une espèce de consentement à la guerre que 140 donnent seulement l'atmosphère, l'acoustique et l'humeur du monde. Il serait dément d'entreprendre une guerre sans l'avoir. Nous ne l'avions pas.

HECTOR. Vous l'avez maintenant !

ULYSSE. Je crois que nous l'avons.

145 HECTOR. Qui vous l'a donnée contre nous ? Troie est réputée pour son humanité, sa justice, ses arts ?

ULYSSE. Ce n'est pas par des crimes qu'un peuple se met en situation fausse avec son destin, mais par des fautes[3]. Son armée est forte, sa caisse abondante, ses poètes en plein fonc-150 tionnement. Mais un jour, on ne sait pourquoi, du fait que ses citoyens coupent méchamment les arbres, que son prince enlève vilainement une femme, que ses enfants adoptent une mauvaise turbulence, il est perdu. Les nations, comme les hommes, meurent d'imperceptibles impolitesses. C'est à leur 155 façon d'éternuer ou d'éculer leurs talons que se reconnaissent

---

1. **Banlieue fertile** : J. Body rappelle que l'on considérait la France comme le « grenier de l'Europe » et que l'Allemagne hitlérienne revendiquait son « espace vital ».
2. **Colza** : plante à fleurs jaune dont on tire de l'huile.
3. **Par des fautes** : variation sur la phrase célèbre prononcée après l'exécution du duc d'Enghien (1804) : « C'est plus qu'un crime, c'est une faute. »

les peuples condamnés... Vous avez sans doute mal enlevé Hélène...

HECTOR. Vous voyez la proportion entre le rapt d'une femme et la guerre où l'un de nos peuples périra ?

160 ULYSSE. Nous parlons d'Hélène. Vous vous êtes trompés sur Hélène. Pâris et vous. Depuis quinze ans je la connais, je l'observe. Il n'y a aucun doute. Elle est une des rares créatures que le destin met en circulation sur la terre pour son usage personnel. Elles n'ont l'air de rien. Elles sont parfois une 165 bourgade, presque un village, une petite reine, presque une petite fille, mais si vous les touchez, prenez garde ! C'est là la difficulté de la vie, de distinguer, entre les êtres et les objets, celui qui est l'otage du destin. Vous ne l'avez pas distingué. Vous pouviez toucher impunément à nos grands amiraux, à 170 nos rois. Pâris pouvait se laisser aller sans danger dans les lits de Sparte ou de Thèbes, à vingt généreuses étreintes. Il a choisi le cerveau le plus étroit, le cœur le plus rigide, le sexe le plus étroit[1]... Vous êtes perdus.

HECTOR. Nous vous rendons Hélène.

175 ULYSSE. L'insulte au destin ne comporte pas la restitution.

HECTOR. Pourquoi discuter alors ! Sous vos paroles, je vois enfin la vérité. Avouez-le. Vous voulez nos richesses ! Vous avez fait enlever Hélène pour avoir à la guerre un prétexte honorable ! J'en rougis pour la Grèce. Elle en sera éternelle-180 ment responsable et honteuse.

ULYSSE. Responsable et honteuse ? Croyez-vous ! Les deux mots ne s'accordent guère. Si nous nous savions vraiment responsables de la guerre, il suffirait à notre génération

---

1. **Cerveau, cœur, sexe** : un passage du chant III de l'*Iliade*, attribuait à Ulysse un extraordinaire don pour l'éloquence : Giraudoux s'amuse à lui faire terminer sa tirade sur Hélène par une définition cruelle et lapidaire, avec rythme ternaire, assonance, anaphore et mouvement descendant, de la tête au sexe.

actuelle de nier et de mentir pour assurer la bonne foi et la
185 bonne conscience de toutes nos générations futures. Nous
mentirons. Nous nous sacrifierons.

HECTOR. Eh bien, le sort en est jeté, Ulysse ! Va pour la
guerre ! À mesure que j'ai plus de haine pour elle, il me vient
d'ailleurs un désir plus incoercible de tuer... Parlez, puisque
190 vous me refusez votre aide...

ULYSSE. Comprenez-moi, Hector !... Mon aide vous est
acquise. Ne m'en veuillez pas d'interpréter le sort. J'ai voulu
seulement lire dans ces grandes lignes que sont, sur l'univers,
les voies des caravanes, les chemins des navires, le tracé des
195 grues volantes [1] et des races. Donnez-moi votre main. Elle
aussi a ses lignes. Mais ne cherchons pas si leur leçon est la
même. Admettons que les trois petites rides au fond de la
main d'Hector disent le contraire de ce qu'assurent les
fleuves, les vols et les sillages. Je suis curieux de nature, et je
200 n'ai pas peur. Je veux bien aller contre le sort. J'accepte
Hélène. Je la rendrai à Ménélas. Je possède beaucoup plus
d'éloquence qu'il n'en faut pour faire croire un mari à la
vertu de sa femme. J'amènerai même Hélène à y croire elle-
même. Et je pars à l'instant, pour éviter toute surprise. Une
205 fois au navire, peut-être risquons-nous de déjouer la guerre.

HECTOR. Est-ce là la ruse d'Ulysse, ou sa grandeur ?

ULYSSE. Je ruse en ce moment contre le destin, non contre
vous. C'est mon premier essai et j'y ai plus de mérite. Je suis
sincère, Hector... Si je voulais la guerre, je ne vous deman-
210 derais pas Hélène, mais une rançon qui vous est plus chère...
Je pars... Mais je ne peux me défendre de l'impression qu'il
est bien long, le chemin qui va de cette place à mon navire.

---

1. **Grues volantes** : oiseaux migrateurs de grande taille. Dans une grande
comparaison au début du chant III de l'*Iliade*, les Troyens avançant vers la
bataille à grands cris sont comparés à des « grues fuyant l'hiver » (v. 4).

HECTOR. Ma garde vous escorte.

ULYSSE. Il est long comme le parcours officiel des rois en
215 visite quand l'attentat menace[1]... Où se cachent les conjurés ?
Heureux nous sommes, si ce n'est pas dans le ciel même... Et
le chemin d'ici à ce coin du palais est long... Et long mon
premier pas... Comment va-t-il se faire, mon premier pas,
entre tous ces périls ?... Vais-je glisser et me tuer ?... Une cor-
220 niche va-t-elle s'effondrer sur moi de cet angle ? Tout est
maçonnerie neuve ici, et j'attends la pierre croulante... Du
courage... Allons-y.

Il fait un premier pas.

HECTOR. Merci, Ulysse.

225 ULYSSE. Le premier pas va... Il en reste combien ?

HECTOR. Quatre cent soixante.

ULYSSE. Au second ! Vous savez ce qui me décide à partir,
Hector...

HECTOR. Je le sais. La noblesse.

230 ULYSSE. Pas précisément... Andromaque a le même batte-
ment de cils que Pénélope[2].

---

1. **Quand l'attentat menace :** il y eut à cette période plusieurs attentats et
assassinats politiques célèbres (assassinats de Paul Doumer en 1932, du roi
Alexandre Ier de Yougoslavie le 9 octobre 1934, de l'archiduc François
Ferdinand d'Autriche à Sarajevo le 28 juin 1914).
2. Jean-Pierre Giraudoux a manifesté son agacement devant ce passage (voir
« D'un fils », p. XI). La note de J. Body donne la réponse de l'auteur, d'après
sa correspondance : « Quand Ulysse parle de la paupière d'Andromaque, à sa
sortie, c'est uniquement un effet de sortie, un rond de jambe, c'est un absolu
mensonge. »

REPÈRES

• Pour quelle raison l'ambassade des Grecs se réduit-elle à un face-à-face entre Hector et Ulysse ? Quel est l'intérêt de cette situation ?

• Cette scène est-elle dramatique ? Quel en est l'enjeu ?

• Comment comprenez-vous l'expression « voilà le vrai combat » (l. 1) ? À quelle décision cette avant-dernière scène aboutit-elle ?

OBSERVATION

• Déterminez la progression de la scène et les thèmes évoqués. Précisez leur enchaînement.

• Montrez comment Hector tente de contredire Ulysse. À quel moment cesse-t-il de plaider pour la paix, et pourquoi ? Quel retournement de situation son revirement provoque-t-il ?

• Qui, d'Ulysse ou d'Hector, semble maîtriser la situation, et pourquoi ? Citez précisément le texte, et observez la répartition de la parole.

• Ulysse

– Comment définiriez-vous ce personnage ? Vous paraît-il souhaiter la guerre ?

– Que signifie l'expression « une rançon qui vous est plus chère » (l. 208) mentionnée par Ulysse ? Quel nouvel éclairage jette-t-elle sur le personnage ?

– Comparez son attitude dans cette scène avec celle qu'il adoptait dans la scène précédente.

• Le début de la scène fait référence à un passage de l'*Iliade*, où Zeus pèse Hector et Achille sur sa balance. Comparez « ce que pèsent » Ulysse et Hector, en relevant les effets stylistiques (anaphores et antithèses), et en précisant la valeur de chaque exemple. Quel sens prend ici cette pesée ?

• La guerre

– Quelle conception de la guerre dénotent les constatations d'Ulysse sur les chefs d'État ? Quel sens prend alors l'entrevue entre Hector et Ulysse ?

– Quelles sont, d'après Ulysse, les différentes causes de cette guerre imminente ? Sont-elles du même ordre ?

– Ulysse affirme : « Ce ne sont pas les ennemis naturels qui se battent (...) : ce sont les adversaires. » Analysez (l. 103-108) la différence entre les termes employés. Quelle est leur portée ?

– Relevez, dans les tirades d'Ulysse, les allusions à la situation euro-
péenne en 1935.

• Le destin

– Relevez tout ce qui montre la prédominance du destin, en notant
les occurrences du mot et en vous appuyant sur le lexique, les métaphores, les expressions significatives.

– D'après Ulysse, les hommes peuvent-ils lutter contre le destin ? En
sont-ils même conscients ?

• La scène comporte de nombreux aphorismes. Relevez-les et expli-
quez-les. Quelle tonalité donnent-ils à la scène ?

• Comment comprenez-vous la dernière réplique d'Ulysse ? Est-elle
rassurante ou inquiétante ?

INTERPRÉTATIONS

• À l'issue de cette scène, Hector et Ulysse vous paraissent-ils
croire tous deux à une possibilité de paix ?

• À la fin de la scène, vous attendez-vous à un dénouement pacifique, ou à la guerre ? Quel est l'intérêt dramatique de la scène ?

• Quels sont les éléments qui donnent à la scène un caractère tragique ?

• Quelle valeur symbolique peut-on attribuer à la description du
« chemin qui va de cette place à mon navire » (l. 210) ? Quelle
vision de l'homme et de la vie implique une telle conception du
destin ?

SCÈNE 14. ANDROMAQUE, CASSANDRE, HECTOR, ABNÉOS, puis OIAX, puis DEMOKOS.

HECTOR. Tu étais là, Andromaque ?

ANDROMAQUE. Soutiens-moi. Je n'en puis plus !

HECTOR. Tu nous écoutais ?

ANDROMAQUE. Oui. Je suis brisée.

5 HECTOR. Tu vois qu'il ne nous faut pas désespérer...

ANDROMAQUE. De nous peut-être. Du monde, oui... Cet homme est effroyable. La misère du monde est sur moi.

HECTOR. Une minute encore, et Ulysse est à son bord... Il marche vite. D'ici l'on suit son cortège. Le voilà déjà en face 10 des fontaines. Que fais-tu ?

ANDROMAQUE. Je n'ai plus la force d'entendre. Je me bouche les oreilles. Je n'enlèverai pas mes mains avant que notre sort soit fixé.

HECTOR. Cherche Hélène, Cassandre !

15 *Oiax entre sur la scène, de plus en plus ivre. Il voit Andromaque de dos.*

CASSANDRE. Ulysse vous attend au port, Oiax. On vous y conduit Hélène.

OIAX. Hélène ! Je me moque d'Hélène ! C'est celle-là que je 20 veux tenir dans mes bras.

CASSANDRE. Partez, Oiax. C'est la femme d'Hector.

OIAX. La femme d'Hector ! Bravo ! J'ai toujours préféré les femmes de mes amis, de mes vrais amis !

CASSANDRE. Ulysse est déjà à mi-chemin... Partez.

25 OIAX. Ne te fâche pas. Elle se bouche les oreilles. Je peux donc tout lui dire, puisqu'elle n'entendra pas. Si je la touchais, si je l'embrassais, évidemment ! Mais des paroles qu'on n'entend pas, rien de moins grave.

CASSANDRE. Rien de plus grave. Allez, Oiax !

30 OIAX, *pendant que Cassandre essaie par la force de l'éloigner d'Andromaque et que Hector lève peu à peu son javelot.* Tu crois ? Alors autant la toucher. Autant l'embrasser. Mais chastement !... Toujours chastement, les femmes des vrais amis ! Qu'est-ce qu'elle a de plus chaste, ta femme, Hector,
35 le cou ? Voilà pour le cou... L'oreille aussi m'a un gentil petit air tout à fait chaste ! Voilà pour l'oreille... Je vais te dire, moi, ce que j'ai toujours trouvé de plus chaste dans la femme... Laisse-moi !... Laisse-moi !... Elle n'entend pas les baisers non plus... Ce que tu es forte !... Je viens... Je viens...
40 Adieu. *Il sort.*

Hector baisse imperceptiblement son javelot. À ce moment Demokos fait irruption.

DEMOKOS. Quelle est cette lâcheté ? Tu rends Hélène ? Troyens, aux armes ! On nous trahit... Rassemblez-vous... Et
45 votre chant de guerre est prêt ! Écoutez votre chant de guerre !

HECTOR. Voilà pour ton chant de guerre !

DEMOKOS, *tombant.* Il m'a tué !

HECTOR. La guerre n'aura pas lieu [1], Andromaque !

---

1. **La guerre n'aura pas lieu, Andromaque !** : dans une première version, la pièce s'achevait ici, justifiant le titre.

50 *Il essaie de détacher les mains d'Andromaque, qui résiste, les yeux fixés sur Demokos. Le rideau qui avait commencé à tomber se relève peu à peu.*

ABNÉOS. On a tué Demokos ! Qui a tué Demokos ?

DEMOKOS. Qui m'a tué ?... Oiax !... Oiax !... Tuez-le !

55 ABNÉOS. Tuez Oiax !

HECTOR. Il ment. C'est moi qui l'ai frappé.

DEMOKOS. Non. C'est Oiax...

ABNÉOS. Oiax a tué Demokos... Rattrapez-le !... Châtiez-le !

HECTOR. C'est moi, Demokos, avoue-le ! Avoue-le, ou je
60 t'achève !

DEMOKOS. Non, mon cher Hector, mon bien cher Hector. C'est Oiax ! Tuez Oiax !

CASSANDRE. Il meurt, comme il a vécu, en coassant[1].

ABNÉOS. Voilà... Ils tiennent Oiax... Voilà. Ils l'ont tué !

65 HECTOR, *détachant les mains d'Andromaque.* Elle aura lieu.

Les portes de la guerre s'ouvrent lentement. Elles découvrent Hélène qui embrasse Troïlus.

CASSANDRE. Le poète troyen est mort... La parole est au poète grec[2].

Le rideau tombe définitivement.

---

1. **En coassant** : la réplique de Cassandre explique le choix du nom d'*Oiax*, qui évoque le coassement des grenouilles et les célèbres onomatopées de la pièce d'Aristophane : « *êbréguégué, koax, koax* ». La répétition du nom d'Oiax par Demokos produit un effet analogue et montre que le nom a été fabriqué comme une onomatopée.
2. **Poète grec** : le second lever de rideau donne l'impression qu'à la fin de la pièce de Giraudoux, l'*Iliade* peut commencer...

Buste d'Homère.
Sculpture du Louvre.

REPÈRES

• Précisez la situation au début de la scène, après le départ d'Ulysse.

• Quels personnages paraissent au début de la scène ? Pourquoi Andromaque se sent-elle « brisée » (l. 4) ? Le spectateur partage-t-il son pessimisme ?

• L'arrivée d'Oiax et de Demokos ne rappelle-t-elle pas d'autres scènes ? À quelles scènes fait écho le baiser final ?

OBSERVATION

• Les didascalies sont nombreuses dans cette scène. Quelles indications apportent-elles ? Quel rythme créent-elles ? Quelles sont les différentes parties de la scène ?

• Quel est l'état d'esprit d'Andromaque ? Étudiez le dialogue entre les deux époux. Comment la tension est-elle exprimée ?

• Étudiez la violence verbale dans le discours d'Oiax. Ses propos ne rappellent-ils pas le récit des amours d'Hélène (scène 12) ?

• L'agression d'Oiax est provoquée par l'ivresse, mais n'est-elle pas aussi l'expression ironique de ses désirs ? Comment Hector et Andromaque réagissent-ils ? Qui évite alors le meurtre ?

• Pourquoi Demokos survient-il après Oiax ? Que laisse présager son arrivée ?

• Montrez comment les événements se précipitent. Quelle motivation pousse Hector au meurtre ? Comment réagit Demokos ? Par quels procédés son mensonge est-il rendu crédible ?

• Que signifie l'ouverture des portes de la guerre ?

• La dernière réplique de Cassandre évoque « le poète grec » : de qui s'agit-il ? À quelle oeuvre fait-elle allusion ? Appréciez le procédé qui permet de passer de la fiction légendaire à l'histoire.

INTERPRÉTATIONS

• Dans une version primitive, la pièce s'achevait sur la phrase : « La guerre n'aura pas lieu, Andromaque ! » (l. 49). Pourquoi Giraudoux a-t-il ajouté une fin tragique ?

• Hector vous paraît-il responsable ? Le dénouement vous semble-t-il logique ou ironique ?

• Comment s'explique finalement l'entrée en guerre ? Quelle définition du destin peut être dégagée de ce dénouement ?

L'action

Après l'épisode secondaire des trois scènes de séduction, l'action s'élargit à l'acte II, dans un double mouvement, faisant apparaître d'abord le camp troyen, puis la rencontre avec les émissaires grecs. Le premier épisode est centré sur la cérémonie de fermeture des portes de la guerre. Dans un premier temps Hector est absent, et l'on voit Demokos se déchaîner dans une parodie de conseil de guerre. Puis, après l'épisode cocasse de la manipulation de Busiris, la cérémonie se déroule normalement et se conclut par le discours aux morts d'Hector. L'action progresse en montrant les efforts d'Andromaque pour relayer Hector, et ses tentatives contradictoires pour convaincre Hélène. L'arrivée des Grecs se dédouble en deux étapes : la première montre la provocation d'Oiax contre Hector, et la maîtrise du héros malgré l'outrage ; la deuxième expose la négociation avec Ulysse et l'accord de paix qui en résulte. Le dénouement s'annonce sous des auspices favorables, mais la dernière scène opère un retournement de situation inattendu, et l'intervention d'Oiax puis le mensonge de Demokos entraînent la catastrophe finale. Hector est donc jusqu'à la fin de la pièce le sujet de l'action, et le génie de Giraudoux consiste précisément à faire du plus ardent pacifiste le responsable du conflit.

L'arrivée des Grecs et l'intervention des dieux

L'acte II se caractérise par une tonalité plus grave, car il opère un transfert du cadre privé vers le cadre public. L'acte I a mis en scène le cercle de la famille royale, puis les membres de la cité. L'acte II introduit les envoyés grecs dans la ville de Troie et présente la négociation attendue depuis la première scène de la pièce. Deux étapes se succèdent. L'une, satirique, malgré la tension sous-jacente, présente l'arrivée impromptue d'Oiax et l'insulte subie par Hector. Si l'équilibre des forces est maintenu par le sang-froid d'Hector, cette première rencontre anticipe sur le dénouement fatal en apportant un signe défavorable du destin. La seconde étape, solennelle, introduit l'ambassade proprement dite avec Ulysse, puis la grande scène de négociation entre les deux chefs, face à face, seuls. Ici encore, l'équilibre de la négociation est préservé et l'action semble s'orienter vers un dénouement heureux. Le passage aux tractations internationales produit un effet d'élargissement, que souligne l'intervention d'Iris, la messagère des dieux. Les injonctions divines, si dérisoires soient-elles, donnent une dimension nouvelle à la pièce en rassemblant sous les mêmes lois Grecs et Troyens.

Évolution des personnages

Dans le deuxième acte, certains personnages se montrent sous un jour nouveau. Hélène apparaît d'abord dans les trois premières scènes en pleine tentative de séduction. Elle provoque le jeune Troïlus en lui proposant un baiser auquel il résiste. Son comportement éhonté corrobore une réputation de femme facile, alors que la tradition mythique et littéraire a toujours tendu à excuser la faute du personnage. Pâris intervient également dans le rôle du tentateur, et surprend le spectateur en se révélant un amant-mari jaloux et possessif, très différent du personnage léger et irresponsable apparu dans le premier acte. Andromaque sort de la réserve de l'épouse modèle et prend une initiative d'abord détournée en demandant à Hélène de partir, par l'intermédiaire de Polyxène. Elle interpelle ensuite directement Hélène, dans un dialogue tendu, et la supplie d'adopter à l'égard de Pâris un sentiment d'amour authentique, assez fort pour justifier la guerre. Cette requête dévoile l'angoisse du personnage, qui apparaît dès lors, malgré les efforts d'Hector, intimement convaincu du caractère inévitable du conflit. Enfin Demokos présente une évolution progressive : le fantoche ridicule du premier acte se transforme en ministre des armées actif ; il prépare selon la tradition le langage symbolique des combats – chant de guerre et épithètes provocatrices. Son caractère haineux et sa capacité de ressentiment se font jour, après l'outrage de la gifle. Enfin, dans la dernière scène, il se révèle comme un fanatique dangereux, usant de tous les moyens pour parvenir à ses fins.

Originalité du dénouement

Il fallait bien que la guerre de Troie se produise ! Le dénouement de *La guerre de Troie n'aura pas lieu* est particulièrement original, à cause de sa progression dramatique et du sens qu'il donne, rétrospectivement, à la pièce. Première originalité, c'est un dénouement en deux temps : Hector et Andromaque résistent aux provocations d'Oiax, qui sort. Mais Demokos entre et provoque à son tour Hector, en incitant les Troyens à prendre les armes ; Hector le frappe pour le faire taire. Le rideau se baisse lentement sur les paroles d'Hector : « La guerre n'aura pas lieu, Andromaque ! » Dans une première version, la pièce s'achevait ainsi, de façon pathétique et dérisoire, sur cet espoir que le spectateur sait avoir été démenti par le mythe et par l'Histoire. La trouvaille de Giraudoux, c'est de faire relever le rideau : Demokos accuse mensongèrement Oiax, qui est tué par la foule. « Elle aura lieu », dit Hector en détachant les mains d'Andromaque ; et les portes de la guerre s'ouvrent symboliquement. Tout espoir est ainsi anéanti.

Le dénouement en deux temps met en valeur un événement capital : un Troyen provoque la guerre qui va détruire Troie. Demokos la cause par son mensonge, belliqueux jusqu'au moment de mourir. Mais c'est Hector finalement qui est responsable : en tuant Demokos pour éviter la guerre, c'est justement lui qui la déclenche. Paradoxe terriblement ironique, que cette guerre allumée par un pacifiste, et précisément par le geste destiné à l'empêcher ! C'est un geste meurtrier... Un tel dénouement cause une réelle tension chez le spectateur, et montre que la bonne volonté des hommes ne suffit pas à déjouer les pièges inattendus du hasard : la tragédie fait partie de l'existence, la guerre est en l'homme, dans sa violence et son incompréhension, son manque de maîtrise et de mesure – cela ne peut qu'inciter le spectateur à la réflexion... Pourtant la responsabilité des personnages est moins mise en cause que la reconnaissance d'une fatalité qui échappe au contrôle humain. Le double dénouement est donc le signe d'une hésitation du destin, les plateaux de la balance penchant d'un côté puis de l'autre : c'est le sens de la « pesée » évoquée par Ulysse au début de l'entretien.

La pièce pourrait s'achever ici, mais l'originalité dernière de ce dénouement tient au tableau final qui montre Hélène embrassant Troïlus. C'est un paradoxe que ce baiser sur fond de guerre, qui prend un sens symbolique : le désir l'a emporté sur la pureté, la Grecque a vaincu le Troyen. La dernière réplique appartient à Cassandre la prophétesse : « Le poète troyen est mort... La parole est au poète grec. » Le poète troyen (le terme est ironique), c'est Demokos, dont la mort déclenche la guerre. Le poète grec, c'est Homère. Troie va se taire à tout jamais, la Grèce triomphe, la tentative d'une transformation du mythe est achevée, Giraudoux annonce l'*Iliade* et, par cette réplique, établit un pont entre la fiction et la réalité, le passé et le présent, et interpelle le spectateur moderne en l'invitant à une réflexion dynamique sur la signification du mythe et son importance dans le monde contemporain.

Comment lire l'œuvre

ACTION, STRUCTURE ET PERSONNAGES

L'action
Schéma narratif

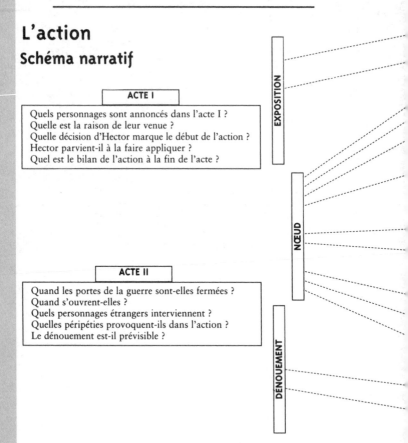

ACTE I

Quels personnages sont annoncés dans l'acte I ?
Quelle est la raison de leur venue ?
Quelle décision d'Hector marque le début de l'action ?
Hector parvient-il à la faire appliquer ?
Quel est le bilan de l'action à la fin de l'acte ?

ACTE II

Quand les portes de la guerre sont-elles fermées ?
Quand s'ouvrent-elles ?
Quels personnages étrangers interviennent ?
Quelles péripéties provoquent-ils dans l'action ?
Le dénouement est-il prévisible ?

EXPOSITION

NŒUD

DÉNOUEMENT

• Quelle est l'action principale ? Combien de temps dure-t-elle ? Relevez les indices temporels du texte.

• La scène se déplace à l'intérieur de la ville de Troie : quels lieux sont évoqués ? Quel sens attribuez-vous à ce changement ?

• Quels sont les artisans de la paix ? Ceux de la guerre ? Dans quel camp se situent les dieux ?

ACTION, STRUCTURE ET PERSONNAGES

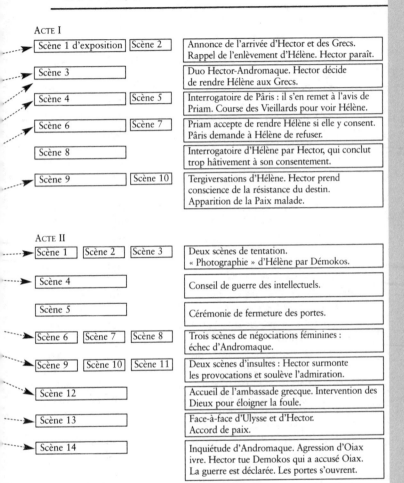

ACTE I

Scène 1 d'exposition	Scène 2	Annonce de l'arrivée d'Hector et des Grecs. Rappel de l'enlèvement d'Hélène. Hector paraît.
Scène 3		Duo Hector-Andromaque. Hector décide de rendre Hélène aux Grecs.
Scène 4	Scène 5	Interrogatoire de Pâris : il s'en remet à l'avis de Priam. Course des Vieillards pour voir Hélène.
Scène 6	Scène 7	Priam accepte de rendre Hélène si elle y consent. Pâris demande à Hélène de refuser.
Scène 8		Interrogatoire d'Hélène par Hector, qui conclut trop hâtivement à son consentement.
Scène 9	Scène 10	Tergiversations d'Hélène. Hector prend conscience de la résistance du destin. Apparition de la Paix malade.

ACTE II

Scène 1	Scène 2	Scène 3	Deux scènes de tentation. « Photographie » d'Hélène par Démokos.
Scène 4			Conseil de guerre des intellectuels.
Scène 5			Cérémonie de fermeture des portes.
Scène 6	Scène 7	Scène 8	Trois scènes de négociations féminines : échec d'Andromaque.
Scène 9	Scène 10	Scène 11	Deux scènes d'insultes : Hector surmonte les provocations et soulève l'admiration.
Scène 12			Accueil de l'ambassade grecque. Intervention des Dieux pour éloigner la foule.
Scène 13			Face-à-face d'Ulysse et d'Hector. Accord de paix.
Scène 14			Inquiétude d'Andromaque. Agression d'Oiax ivre. Hector tue Demokos qui a accusé Oiax. La guerre est déclarée. Les portes s'ouvrent.

• Quel rôle jouent les scènes brèves ? Modifient-elles l'action principale ? Quels personnages tentent d'influencer discrètement Hélène ?
• Quel changement de rythme apparaît dans l'alternance des scènes brèves et longues au deuxième acte ? Quel effet produit-il ?
• Quelles sont les étapes du dénouement ? Quel rythme reproduisent-elles ? Comment le suspens est-il ménagé jusqu'à la dernière réplique ?

Le schéma actantiel

Les personnages se définissent moins par leur caractère que par leur fonction.

Au cœur du schéma se trouvent le *sujet* qui agit et l'*objet* qui est le but visé par le sujet, ce qu'il souhaite obtenir. À partir de ce noyau, on peut facilement définir deux fonctions supplémentaires : celle d'*adjuvant* qui aide le sujet dans son action et celle d'*opposant* qui s'oppose à lui. La force qui pousse le sujet à agir, qui lui désigne l'objet à atteindre, est appelée *destinateur*. Celui pour qui il agit, à qui il dédie son action, est appelé d*estinataire*.

Ce système, porteur de tensions, crée une dynamique qui fait progresser l'action. Un même personnage peut exercer des fonctions différentes selon le moment de la pièce et une même fonction peut être exercée par plusieurs personnages, ou par un groupe, une institution, une valeur non représentée, ni présente sur la scène.

Le schéma actantiel de *La guerre de Troie n'aura pas lieu* est fondé sur un noyau parfaitement stable : le couple Hector-Andromaque constitue un seul et même sujet désireux d'obtenir la paix (objet) à tout prix. Certes, dans ce couple, Hector est le moteur agissant, mais Andromaque ne peut être ramenée à la seule fonction d'adjuvant : elle est l'âme du désir de paix éprouvé par Hector. Par ailleurs l'objet, la paix, se trouve représenté sous les traits de la déesse antique, figure que Giraudoux utilise pour la rendre plus concrète et, partant, plus théâtrale.

Par contre, le système constitué par les adjuvants et les opposants est extrêmement mouvant et un certain nombre de personnages échappent même au schéma.

Située au début de la pièce, la scène 6 de l'acte I où apparaissent un grand nombre de personnages servira de base à la réflexion.

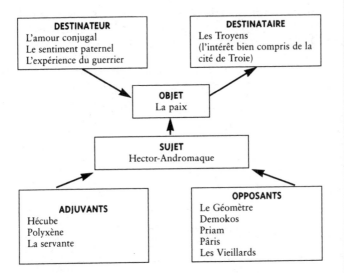

– La dynamique de la pièce consiste soit à faire passer les opposants dans le camp des adjuvants, soit à les transformer en observateurs plus ou moins neutres : même Hélène, pourtant cause de la déclaration de guerre, et Ulysse, qui appartient par définition au camp ennemi, vont se ranger au côté d'Hector. Pâris lui-même accepte de renoncer à Hélène.

– Les femmes, en général, dont Hécube et la servante ne sont que des cas particuliers, sont des adjuvants.

– Cassandre échappe au système : elle n'est ni opposante ni *a fortiori* adjuvant ; elle sait. De même Hélène n'est jamais à proprement parler opposante, même si elle est un obstacle et, quand elle devient adjuvante d'Hector, c'est sans espoir.

– Ce dispositif démontre *a contrario* la force du destin et souligne à quel point la guerre échappe à l'action humaine : elle se déclenche par l'intermédiaire de personnages secondaires comme Oiax ou Abnéos.

– Cependant la guerre a besoin d'un instigateur puissant, Demokos. C'est pourquoi, à la fin, on peut considérer que le schéma bascule ; Demokos a l'initiative même s'il n'est qu'une sorte de guignol fanatique et Hector est ramené à la fonction d'opposant dérisoire ; pris à contre-pied, il devient, en tuant Demokos, un adjuvant de ce dernier qui utilise son geste pour attiser la haine à l'égard des Grecs ; et à la scène 14 de l'acte II, on peut proposer le schéma suivant :

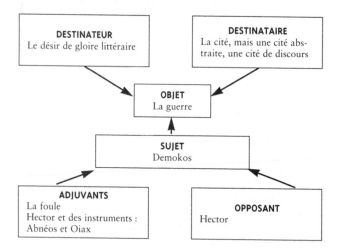

Une rigueur classique

La pièce de Giraudoux met en scène les préparatifs d'une négociation internationale qui échoue en raison de dissensions internes. L'unité d'action est définie par le titre et déterminée par les première et avant-dernière répliques : « La guerre de Troie n'aura pas lieu » – « Elle aura lieu ». La structure en deux actes, d'importance inégale, dix et quatorze scènes, découle probablement des habitudes dramaturgiques prises au début du XXe siècle, qui privilégient un seul entracte. Chaque acte est organisé autour d'une arrivée, celle d'Hector dans l'acte I, scène 2, celle des Grecs annoncée dès la scène 1, rappelée dans la scène 3, « en vue » dans la scène 9, et effective à l'acte II, scène 12. L'action est ainsi resserrée dans une journée et saisie à son paroxysme, conformément à la règle classique. Le texte n'indique pas précisément le moment de l'arrivée d'Hector, mais de nombreux indices temporels annoncent la déclaration de guerre ou le départ d'Hélène pour le soir même (cf. acte I, sc. 4, l. 83 ; acte I, sc. 9, l. 5 et 107 ; acte II, sc. 9, l. 20), Hector menace même de livrer Hélène « *en plein midi* » (acte I, sc. 9, l. 48-49). L'unité de lieu, en revanche n'est pas observée au sens strict du terme, puisque l'acte I se déroule sur une terrasse des remparts de Troie, et l'acte II dans le square clos du palais. Le déplacement spatial vers le centre de la cité souligne l'évolution de l'action et centre le drame au cœur du peuple troyen. Le danger ne provient pas du monde extérieur mais de l'intérieur. La clarté et le classicisme de la construction expliquent le succès jamais démenti de la pièce. On retrouve en revanche la subtilité giralducienne dans l'organisation interne de chaque acte.

La structure

Analyse de la structure

L'acte I s'organise autour du personnage d'Hector. Son retour en effet motive le cri de joie lancé par Andromaque au début de la pièce. La scène d'exposition donne aux spectateurs trois informations : l'arrivée de l'envoyé grec, la fin des amours d'Hélène et de Pâris et la naissance de l'enfant d'Hector, qui mêlent perspectives présentes, passées et à venir. Une épaisseur temporelle supplémentaire s'ajoute avec l'évocation de l'absence d'Hector depuis trois mois. L'action se noue dans la scène 3, dialogue de retrouvailles entre les deux époux, intime et émouvant, où Hector prend la décision de rendre Hélène. L'ensemble de l'acte I montre ses efforts pour convaincre les autres personnages. Trois tentatives de persuasion se succèdent, motivée chacune par une concession de l'interlocuteur : Pâris accepte de revenir sur son refus (scène 4) si Priam l'exige. Priam accepte de rendre Hélène (scène 6) si elle le souhaite. Hélène enfin donne un consentement apparent (scène 9). Ce mouvement ternaire établit dans l'acte un effet de rebondissement en ricochets. Il se double également d'une construction en trois étapes, puisqu'on assiste à un élargissement du cercle familial vers le cercle social jusqu'à la scène 7, troisième étape qui fait enfin apparaître le personnage d'Hélène. Pendant les quatre scènes suivantes règne la plus grande ambiguïté car Hélène accepte tour à tour de rester (scène 7 avec Pâris), de partir (scène 9 avec Hector), alors qu'Hector comprend peu à peu le caractère trop hâtif de ses propres conclusions (« vous n'aimez pas Pâris » l. 138-139) et l'origine des réticences d'Hélène, exprimées dans ses expériences de voyance. Il prend conscience de la vanité de ses efforts (« on lutte contre quelque chose d'inflexible » l. 138-139). La résistance du destin est ensuite confirmée par la pitoyable apparition de la Paix. Ouvert sous des auspices favorables («quel beau jour »), l'acte I s'achève sur une inquiétante interrogation.

L'action s'élargit dans l'acte II et met en œuvre, après les efforts d'Hector au premier acte, ceux de l'ensemble des Troyens. Trois interventions étrangères marquent les temps forts : Busuris (scène 5), Oiax (scène 9), Ulysse (scènes 12 et 13). Chacune d'elles apporte une épreuve, qui est surmontée par Hector. L'acte s'ouvre par un prélude en mineur : trois scènes d'apparence secondaires se succèdent, centrées sur le personnage d'Hélène, qui maintient le lien avec l'action principale : elle s'y trouve représentée en séductrice et tentatrice (scènes 1 et 2), mais éternellement adulée (scène 3). L'action principale reprend avec deux grandes scènes en majeur (scènes 4 et 5), le conseil de guerre des intellectuels et la cérémonie de fermeture des portes de la guerre, qui manifestent dans leur opposition thématique les dissensions présentes dans le camp troyen. Deux séries de trois scènes brèves prolongent ce contraste. Les trois premières (scènes 6, 7, 8) exposent une version féminine des négociations, avec les personnages d'Andromaque, d'Hélène et de Polyxène. Les trois suivantes (scènes 9, 10, 11) ont une couleur plus violente et agressive, et montrent les insultes faites à Hector et Demokos. Dans la négociation, Andromaque échoue (« Je suis perdue »). Hector au contraire l'emporte devant la provocation d'Oiax (« tu as gagné »). Cette double série est suivie, comme dans la première partie de l'acte II, par deux grandes scènes officielles, l'accueil de l'ambassade et les pourparlers d'Ulysse et d'Hector. L'accord qui en résulte amorce un dénouement positif. La dernière scène s'ouvre sur une perspective d'attente, soumise aux contingences du parcours spatial d'Ulysse vers le port. La tension tragique est portée à son comble par la multiplication de péripéties inattendues, l'agression d'Oiax ivre, le mensonge de Demokos. L'hésitation du destin se concrétise par le double déploiement du rideau et la reprise des deux répliques contradictoires du début : « La guerre n'aura pas lieu » – « elle aura lieu ». Le retournement tragique est accompli. Giraudoux prolonge le dénouement par un tableau muet, le baiser d'Hélène à Troïlus, et une parole prophétique de Cassandre qui, faisant référence à Homère, renvoie le spectateur à une culture familière. Ainsi se crée une perspective de distanciation qui invite à une méditation sur le caractère éternel des conflits amoureux et guerriers et sur le rôle universel de la poésie.

Symétries et variations rythmiques

« Vous avez fait progresser l'action sans arrêt, tout en vous permettant les plus heureuses diversions et en multipliant les incidents de détail », dit Benjamin Crémieux (*Conversations sur le théâtre*, *Je suis partout*, 7 décembre 1935). Là réside en effet la complexité de l'organisation générale. Le spectateur est frappé par la continuité de l'action, à partir de la décision de restituer Hélène. Hector s'assure tour à tour de l'accord de Pâris, de Priam, d'Hélène ; il procède à la fermeture des portes, accueille l'ambassade grecque, mène la négociation sur l'ordre de Zeus, un parcours sans faute presque jusqu'au bout !
Mais cette linéarité se double d'une symétrie de construction. Dans l'acte I, à une première partie familiale succèdent les

scènes de dialogue avec Hélène, une étrangère ; dans l'acte II, on assiste aussi à deux réunions troyennes avant de voir la rencontre avec les Grecs. La structure rend ainsi compte de l'importance du thème de la différence entre les peuples. Dans le détail, ce procédé de symétrie s'affine, car on peut déceler tout un jeu de renvois entre les scènes. L'enquête d'Hector le conduit à mener deux interrogatoires successifs avec Pâris (acte I, scène 4), puis Hélène (acte I, scène 8). Deux brèves interventions privées tentent d'influencer discrètement Hélène : Pâris (acte I, scène 7), Polyxène (acte II, scène 6), chacune dans un sens différent. De la même manière, un rapport précis relie la scène 9 de l'acte I et la scène 8 de l'acte II : leur longueur est identique et un écho de réplique est perceptible : « Je suis perdue » d'Andromaque renvoie à Hector « j'ai perdu ». La montée de l'angoisse est exprimée par cette construction symétrique. L'auteur joue aussi à se pasticher lui même : de toute évidence, la scène d'insultes de l'acte II, scène 9, applique les conseils de stratégie poétique de Demokos dans la scène 4.

Mais l'originalité particulière de cette pièce, outre ces procédés d'échos et de miroirs que l'auteur va multiplier dans *Électre*, réside dans la création d'un tempo musical. Les scènes longues dans l'acte I , scènes 3, 6, 8, sont chacune précédée par une scène brève, scènes 2, 5, 7. Cette alternance est reprise dans l'acte II, de manière plus complexe : les scènes brèves sont regroupées dans un schéma ternaire, 1, 2, 3, puis 6, 7, 8 – un peu plus long – et enfin 9, 10, 11, qui produit un effet de concentration et d'accélération rythmique avant les scènes longues. Le rythme se précipite dans la dernière scène, qui se déroule en trois temps suivant l'entrée des trois personnages, Andromaque, Oiax et Demokos, et s'achève aussi en trois temps, avec deux dénouements successifs et un tableau final. Le procédé d'accélération se double d'ailleurs d'un procédé de réduplication, les entrées successives d'Oiax et Demokos reprennent ici le même schéma que dans les scènes 9 et 10. Cette orchestration mouvementée conclut la pièce d'une manière spectaculaire et permet à l'auteur d'inscrire son œuvre dans les grandes partitions de la littérature universelle.

« Il faut qu'une porte soit ouverte ou fermée » (Musset)

Giraudoux place au centre de son décor, dans le deuxième acte, les monumentales portes de la guerre. L'*Iliade* fait allusion aux portes Scées, une porte à deux battants, d'où le pluriel, située dans la muraille occidentale de la ville, du côté de la mer. La porte du Scamandre est aussi évoquée. L'auteur reprend ces deux références et ajoute une troisième porte, les portes de la guerre. Création géniale, inspirée peut-être par les portes du temple de Janus à Rome qui jouaient ce rôle, elles symbolisent le passage du monde de la paix vers le monde de la guerre et concrétisent la menace tragique. À l'intérieur de la trame dramaturgique, l'évocation des portes joue également un autre rôle. Elle crée un leitmotiv qui rythme l'ensemble de la pièce. En effet, dès son arrivée (acte I, scène 3), Hector décide de fermer ces portes pour manifester ses intentions pacifiques après sa victoire sur « la race de la guerre ». Priam, dans la scène 6, emploie une formule plus ambiguë (« Allons préparer les portes de la guerre ») : s'agit-il de les ouvrir ou de les fermer ? Les prêtres enfin, dans la scène 9, refusent de les fermer. Elles restent donc ouvertes pendant l'acte I. Elles apparaissent dans le décor, « grandes ouvertes », au début de l'acte II. Il faut attendre la fin de la scène 5 de l'acte II et le discours aux morts d'Hector pour voir la cérémonie de fermeture, commentée par les propos émerveillés de Polyxène. Elles ne sont plus évoquées ensuite, le spectacle des portes closes suffisant à rassurer le public. L'ouverture finale, dont la lenteur est soulignée par la didascalie, concrétise la réalité inattendue du dénouement et manifeste la volonté « inflexible » du destin.

Les personnages

Principaux personnages

Hélène

Hélène n'apparaît qu'à partir de la scène 7 de l'acte I, mais tous ont parlé d'elle : pour les hommes, elle est l'incarnation

Les portes de Troie.
Théâtre de l'Athénée, décembre 1937.

de la beauté, pour les femmes, une courtisane. Adulée par les uns, méprisée par les autres, elle est en fait difficile à cerner. Séductrice et infidèle, elle semble insensible aux autres et au monde, se pliant à leurs volontés de manière indifférente.

Cette indifférence s'explique par ses visions : elle sait grâce à elles que le destin des hommes est scellé, que rien ne sert de s'y opposer. Cependant elle est capable de compassion et d'humanité ; ainsi, elle ménage Hector dans la scène 9 en lui disant que « personne n'est infaillible » et elle accepte d'aider à la paix. Elle va le soutenir face à Ulysse (acte II, sc. 12).

L'évocation qu'elle fait de son enfance nous montre qu'elle connaît bien le malheur et la souffrance, mais qu'elle refuse, pour elle comme pour les autres, la pitié qui ne sert à rien, puisque les choses sont comme elles doivent être.

Hélène est donc un personnage complexe, plein de contra-dictions apparentes, liée au destin et indifférente à lui qui, elle le sait, écrit l'Histoire sans elle. À la fois fragile et forte, puisant sa force dans une soumission absolue à l'ordre du monde, elle joue le rôle qui lui est imparti : séduire.

Andromaque

Épouse d'Hector et mère d'Astyanax dans l'*Iliade*, elle voit périr son mari et son enfant lors de la chute de la ville, puis est emmenée en esclavage par le fils d'Achille. Andromaque reste un modèle de fidélité conjugale, inconsolable de la mort d'Hector dans la tragédie de Racine qui porte son nom.

Dans *La guerre de Troie...*, elle est présente dans peu de scènes, mais sa personnalité marque la pièce, car Giraudoux en dresse un portrait nuancé et attachant, plein de générosité, de noblesse et de courage. Ainsi, manifeste-t-elle sa solidarité féminine sans agressivité. Elle a la plus haute idée de l'amour, dont les « égaux » sont « la générosité et l'intelligence », et elle mani-feste constamment son amour pour Hector, en le comprenant, en l'incitant doucement à se confier (acte I, sc. 3), en le récon-fortant (acte II, sc. 10 et 11), et en le soutenant (acte II, sc. 10 et 14). Elle révèle des capacités d'analyse et des dons d'avocate (acte I, sc. 6 et acte II, sc. 8), et elle sait rester stoïque devant les avances grossières d'Oiax (acte II, sc. 14).

Une si grande vertu pourrait sembler stéréotypée, mais Andromaque n'est ni désincarnée ni naïvement idéaliste. Elle n'est pas décrite physiquement, mais elle va être mère ; elle est très aimée par Hector, et suscite le désir brutal d'Oiax et l'intérêt ambigu d'Ulysse. Par ailleurs, elle est réaliste et comprend très vite (acte I, sc. 3) que la guerre aura lieu. Elle sait exprimer son amour pour Hector avec lucidité : « Il est comme tous les hommes » (acte II, sc. 8). Enfin, Andromaque est le seul personnage de la pièce qui soit réellement sensible à la nature et en parle avec des accents poétiques (acte I, sc. 1 et 6 ; acte II, sc. 8). De ce personnage très humain, Giraudoux disait : « Mon amie, c'est Andromaque, la plus désespérée, mais aussi la moins pessimiste ».

Hector

Giraudoux n'a pas changé l'image d'Hector léguée par l'*Iliade*. La figure du jeune guerrier, sensible aux valeurs familiales, à la tendresse d'une épouse et d'un enfant, ne pouvait guère être altérée, d'autant plus qu'elle lui permet une opposition avec la ruse et l'expérience d'Ulysse. Homme de conscience, Hector se définit lui même comme « un général sincère » ; « faucon » et « chêne », la droiture et la solidité sont ses qualités. Sa morale n'est pas austère, mais nuancée par l'amour et la joie, « l'élan vers ce qui est juste et naturel ». L'épreuve du combat lui a fait mesurer le prix de la guerre et l'illusion de l'héroïsme. Elle fonde aussi son autorité (« Je suis ton aîné et le futur maître ») et lui permet d'argumenter avec Priam et de menacer Busiris. Cette autorité est tempérée par la piété filiale et une forme d'humour permanente dans le regard indulgent et amusé qu'il porte sur les autres. Il choisit comme guide la raison (« Merci, Iris ! », acte II, sc. 12), et n'hésite pas devant certains renoncements « La volupté, je m'en passerais » (acte I, sc. 6). Sa logique est décapante, il juge les dieux, démystifie les illusions et les subtilités (acte I, sc. 9), mais elle ne lui permet pas d'affronter efficacement « le vrai combat » avec Ulysse. Il se connaît en position d'infériorité (« je ne suis pas avocat ») et prend cruellement conscience de ses défaites « de chaque victoire l'enjeu s'envole » (acte II, sc. 11). La complexité du réel lui échappe, et celle du langage en particulier, qui ouvre les portes de l'irrationnel en utilisant le pouvoir des symboles. Or la guerre est affaire de symboles, Hélène le démontre bien. Lui-même ne maîtrise pas la part d'irrationnel qui l'habite : « il me vient d'ailleurs un désir plus incoercible de tuer... » (acte II, sc. 13). La métaphore du tigre le désigne d'emblée comme un instrument du destin, il en a la puissance, et aussi le caractère instinctif et sauvage : car il possède la femme idéale qu'il est prêt à défendre à tout prix. Hector ou « le tigre qui dort ».

Ulysse

L'ingénieux Ulysse « aux mille ruses » est l'un des héros mythiques les plus célèbres de l'Antiquité, avec Héraclès. D'ailleurs, par sa mère Anticlée, Ulysse descend d'Hermès, patron des orateurs, des marchands, des voyageurs, et il ressemble à ce dieu astucieux qui le protège ainsi qu'Athéna, déesse de la raison subtile. C'est déjà un personnage ambigu chez Homère, cruel dans l'*Iliade* (il persuade Agamemnon de sacrifier Iphigénie, il contribue à la lapidation d'Hécube), dont l'astuce entraîne la sympathie dans l'*Odyssée*.

Dans *La guerre de Troie n'aura pas lieu*, Ulysse n'apparaît qu'à la fin (acte II, sc. 12 et 13). Giraudoux reprend l'épisode homérique de son ambassade à Troie, en conservant l'ambiguïté du personnage et son art de la parole. Il lui ajoute le sens du destin et lui confie la critique de la politique internationale. Ulysse modifie radicalement son attitude entre les deux scènes. Dans la scène 12, il réclame abruptement Hélène, va jusqu'à la provocation ; dans la scène 13, il affirme à Hector qu'il ne veut pas la guerre et accepte de se faire son allié. Quand est-il sincère ? Andromaque, qui assiste cachée à l'entretien, dira, scène 14 : « Cet homme est effroyable », mais il accepte effectivement de repartir avec Hélène.

Ulysse séduit le spectateur car il est plein d'esprit, mais il est redoutable par son habileté et son cynisme. Il joue sur l'alternance entre espoir et désespoir, et sa sortie est ambiguë ;

Giraudoux disait (*lettre à Madame Prévost*, le 28 janvier 1937) :
« Je n'ai pas encore vu, dans les critiques que j'ai lues, qu'on ait
compris mon personnage d'Ulysse. Je l'ai fait jeune, séducteur,
tendeur d'embûches. (Quand il parle de la paupière
d'Andromaque, à sa sortie, c'est uniquement un effet de sortie, un
rond de jambe, c'est un absolu mensonge) : on l'a vu modèle de
sagesse et de grandeur d'âme, je croyais l'avoir fait infiniment
plus redoutable que Demokos, l'avoir dévoilé. »
Mais Ulysse, c'est aussi la conscience que le destin a décidé la
guerre, et que les efforts humains n'y pourront rien changer. Il
n'est pas le porte-parole de Giraudoux, qui ajoutait dans la
lettre déjà citée : « Il s'en tire avec tous les honneurs, si j'ose
dire, de la guerre. Quand il dit qu'il croit à la fatalité de la guerre, ce n'est donc pas moi qui parle, c'est lui. Les grands hommes
infatués d'eux-mêmes aiment beaucoup dire qu'ils ont pour
camarade journalier le destin. » Mais il lui confie la critique de
la diplomatie et des chefs d'État. À noter aussi le paradoxe :
c'est au moment où Ulysse part qu'un incident va déclencher la
guerre. L'habile Ulysse a dégagé sa responsabilité... Le personnage reste fascinant par son ambiguïté. Comme Hélène, qui
séduit par sa beauté, il séduit par sa parole, par son esprit.

La famille de Priam

D'après la tradition, Priam et Hécube eurent de nombreux
enfants, qui jouent presque tous un rôle important, voire
héroïque, dans la guerre de Troie. Giraudoux en fait intervenir cinq dans *La guerre de Troie n'aura pas lieu* : Hector, le
fils aîné, Pâris, le cadet, Cassandre, la prophétesse, Troïlus,
âgé de quinze ans, et la benjamine encore enfant, Polyxène.
Sont aussi présentes les deux belles-filles, Andromaque et
Hélène.
Giraudoux respecte certaines caractéristiques des personnages
homériques, mais il les caricature subtilement.
Ainsi **Priam,** dans l'*Iliade,* est un roi digne et sage, pathétique
lorsqu'il demande à Achille de lui rendre le corps d'Hector. Il
devient, dans *La guerre de Troie*, un vieillard officiellement
respecté mais moqué par sa femme, facilement persuadé par

Hector, surtout soucieux d'éviter les conflits. Sentencieux sans sagesse, il parle en faveur de la guerre, avec des lieux communs sur la patrie (acte I, sc. 6), et Ulysse ne se trompe pas sur le tenant réel du pouvoir, puisqu'il s'adresse à Hector (acte II, sc. 12 et 13).

Hécube est aussi l'héroïne d'une tragédie d'Euripide, dans laquelle sa dignité et ses malheurs forcent l'admiration et la pitié. Chez Giraudoux, c'est une épouse fidèle mais critique et grondeuse, une mère tendre et autoritaire avec Polyxène, visiblement conquise par son séduisant cadet (elle ne dit jamais rien contre Pâris) et une belle-mère partiale. Ses répliques acerbes contre la guerre et les bellicistes tels Demokos mettent les rieurs de son côté. Elle incarne un féminisme quelque peu agressif. Son franc-parler et son bon sens font penser aux servantes de Molière. Elle est pacifiste sans illusions sur le réel.

Pâris est un séducteur finalement peu attaché à Hélène, qui savoure les ruptures, un irresponsable plutôt vaniteux. Ce serait un personnage faible et entièrement négatif, s'il ne représentait pas, aussi, l'insatisfaction perpétuelle, le choix du plaisir, et s'il ne faisait pas montre de finesse. Or il refuse les discours convenus sur l'amour, déplore de jouer le rôle du fils séducteur. Il représente l'humanité moyenne, victime de son goût de la facilité.

Cassandre, prophétesse condamnée par Apollon à n'être jamais crue, devenue la captive d'Agamemnon, sera massacrée avec lui par Clytemnestre. Giraudoux y fait allusion au début d'*Électre*. Dans *La guerre de Troie*, elle prédit de façon énigmatique le dénouement, et Giraudoux lui donne la dernière réplique. Mais elle est persiflée par tous, et Giraudoux la montre quelque peu acerbe et jalouse. Elle observe la vie sans y participer, ne sait rien de l'amour. C'est peut-être pour cette raison qu'elle n'a aucune prise sur le réel. Cassandre est l'image même de l'impuissance tragique.

Polyxène exprime certaines vérités enfantines, qui prennent un sens tragique : si la guerre a le visage de sa tante Hélène, « Elle est bien jolie », dit-elle (acte II, sc. 4). Ce personnage donne une légèreté à la pièce, mais aussi une coloration pathétique, si l'on se souvient que Polyxène, dans le mythe, fut sacrifiée, après la chute de Troie, sur le bûcher funéraire d'Achille.

Troïlus n'apparaît que dans deux scènes (acte II, sc. 1 et 2) et dans le tableau final. C'est un adolescent qui refuse les compromissions de l'âge adulte : comme Antigone, il veut « tout ». Pris dans les contradictions entre son désir et son refus, il ne maîtrise pas le langage, il ne sait pas mentir : il est l'exact contraire d'Ulysse. Il est l'image de la pureté qui tente de résister à son désir et finit par y céder. Le baiser final symbolise la victoire grecque sur les Troyens et montre que la guerre, comme le désir, appartient au règne des pulsions.

Les personnages de la famille de Priam sont donc à la fois des symboles et des êtres vivants. Repris du mythe grec, ils donnent à la pièce un caractère intemporel. Giraudoux les actualise, ce qui contribue au mélange des genres (comédie bourgeoise au sein d'une tragédie), et des époques (relations familiales modernes transposées dans l'Antiquité).

Enfin, par leurs caractéristiques comiques au sein de la tragédie, ils participent à l'effet de distanciation que Giraudoux souhaitait, pour inciter les spectateurs à la réflexion.

Demokos, le Géomètre, Busiris et les intellectuels

On distingue le clan des intellectuels à leur parole « coassante » (acte II, sc. 14), image dévalorisante des grenouilles, probablement inspirée par la pièce d'Aristophane.

Par sa présence récurrente, Demokos en est le principal représentant. Son patronyme, issu du grec *dêmos*, le peuple, comporte une connotation péjorative de démagogie. Giraudoux l'avait d'abord appelé Domikos, puis Demikos, forme abrégée du Demodokos de l'*Odyssée*, et, dans une version primitive, Bellakos, le « fauteur de guerre », du latin *bellum*, guerre. « Éloigné du combat » par l'âge, il occupe une double fonction, chef du Sénat (acte II, sc. 10) et poète (acte I, sc. 6), qu'il exerce avec autoritarisme et faconde, employant un style ampoulé et creux. Le caractère haineux du personnage se manifeste en permanence, à travers un mépris des hommes, une critique de la jeunesse, et une misogynie constante ; le sadisme perce dans ses propos : « puisque l'âge nous éloigne du combat, servons du moins à le rendre sans merci ». Il se révèle un belliciste fanatique et un dangereux revanchard : « Tu me le paieras » (acte II, sc. 11). Jean Vilar, en 1962, au festival d'Avignon, avait donné à Demokos la mèche et la moustache d'Hitler. L'auteur le ridiculise, il caricature le poseur, en attente des transes du poète inspiré, le critique littéraire qui juge un terme « complètement inopérant » et l'inventeur de rimes grossières et martelées. Il en fait le jouet des moqueries féminines : son « chant guerrier » n'est qu'un cri de « serin » pour Hécube. Pourtant le personnage possède un savoir qui n'est pas vain, car il connaît le pouvoir du langage, l'art de manipuler les hommes par des épithètes injurieuses qui font jaillir les réactions primitives. Ses provocations et son mensonge parviennent à détruire les efforts d'Hector, il est le véritable vainqueur de la pièce.

Le rôle du Géomètre est moins important, mais il complète de façon significative la parodie. Archétype de l'ordre et la mesure, le Géomètre représente une figure importante dans l'Antiquité. Il est étymologiquement le « métreur de la terre », celui qui définit l'espace de la cité, et il symbolise les efforts de la réflexion scientifique pour maîtriser le monde. Le ridicule du personnage vient de ce qu'il applique à son travail des critères non mathématiques mais humains, « une commune mesure qui est Hélène ». « L'arpenteur des apparences » se transforme en arbitre des élégances qui gomme « épaisseur de peau et bourrelets ». Dans un élan d'enthousiasme caricatural, il renie les outils de sa fonction (« c'est la mort de tous ces instruments inventés par les hommes ») et fond en larmes. Son fanatisme d'esthète tourne à la manie pleurnicharde et circonspecte : Hector « à défaut d'autre indignation, autorisera peut-être le conflit musical ? » (acte II, sc. 5).

Le clan des intellectuels, liés par une connivence de caste, est complété par Busiris. Inspiré d'un personnage réel, Nicolas Politis (cf. les anachronismes p. 220), il use du même langage prétentieux que Demokos, dont il donne une version juridique. Habile à flatter les autres, à se flatter lui même, ce sophiste soucieux de respectabilité est prêt, face aux intimidations, à toutes les lâchetés. Ses élucubrations tournent à la farce lorsqu'il dévoile ses fantasmes latents en évoquant l'approche du navire comme les avances « d'une femme nue ».

Le couple Demokos-Géomètre figure l'alliance des lettres et des sciences, mais une alliance dévoyée, qui sacrifie l'homme aux idées. Busiris représente le droit perverti. L'auteur stigmatise à travers eux les intellectuels, « ceux qui savent écrire et parler », et en particulier les écrivains et les hommes politiques d'entre les deux guerres, comme Barrès, Déroulède ou Dorgelès : incapables de combattre avec les armes, ils ont « versé l'ivresse morale » pour « porter au comble l'enthousiasme des soldats » (acte II, sc. 4) et trahir la mission des clercs.

Personnages secondaires

Servantes et Vieillards

Servantes et Vieillards s'inscrivent dans la logique de la dramaturgie et se répartissent en deux camps : pour les Vieillards, celui des hommes et de la guerre, pour les Servantes, celui des femmes et de la paix.

Une servante se détache à l'acte I, scènes 1 et 6 et, par son optimisme, elle exprime l'aspiration du peuple au bonheur et dénonce l'absurdité de la guerre.

On voit les Vieillards à la scène 4 de l'acte I, tout essoufflés, monter et descendre les marches des remparts pour acclamer Hélène et contempler ses charmes qu'ils commentent dans la scène 5. Ridicules et libidineux, fascinés et hystériques, ils sont dangereux. Ils prennent le parti d'Hélène et de la guerre, sans réfléchir aux conséquences.

Les matelots

Annoncés par Pâris (acte I, sc.4), ils témoignent à la scène 12 de l'acte I. Ils veulent soutenir l'honneur de leur capitaine, Pâris, mais tombent dans le piège de la provocation que leur tend Ulysse. Ils renforcent ainsi le camp de la guerre. Ils accroissent la tension dramatique de la scène en détruisant le fragile équilibre qu'Hector avait obtenu. Leurs commentaires, tantôt allusifs et métaphoriques, tantôt crus, sur l'intimité d'Hélène et de Pâris, donnent une tonalité comique à une scène dont l'enjeu est profondément tragique.

Oiax

Oiax n'apparaît que vers la fin de l'acte II. Annoncé par Busiris, acte II, scène 5, il est présenté comme « le plus brutal et le plus mauvais coucheur des Grecs ».

Un personnage dramatique

Il débarque à la scène 9 de l'acte II, gesticulant, le scandale et la provocation à la bouche, criant qu'il veut tuer Pâris et qu'il ne partira qu'avec la déclaration de guerre. Il gifle Hector et Demokos, ce qui est en mesure de ruiner tous les efforts de paix, et surtout il s'en prend à Andromaque (acte II, sc. 14), ce que ne supporte pas Hector qui lève peu à peu son javelot. Avec lui la tension dramatique est à son paroxysme.

Un personnage comique

Soudain, coup de théâtre : il adopte le parti d'Hector, qui a suscité son admiration par son art de la gifle, et il lui propose son aide ! Cet ivrogne grossier et grotesque, s'il inquiète, amuse aussi par sa grossièreté, sa démesure.

L'instrument absurde du destin

Alors qu'il regagne son bateau et que l'on respire un peu, l'action se précipite. Demokos, qui veut la guerre à tout prix, frappé à mort par Hector, dans un ultime mensonge, accuse Oiax le Grec que la foule arrête et tue, déclenchant la guerre sur un malentendu.

Le thème de la guerre,
le problème du pacifisme

Le thème de la guerre ouvre et ferme la pièce, il la rythme, produisant l'angoisse et le désespoir. L'enjeu s'exprime par une alternative, restituer ou non Hélène aux Grecs, et par un symbole, la fermeture des portes du temple de la guerre. Toute la pièce est constituée par les affrontements entre les personnages bellicistes et pacifistes. Cependant, Giraudoux évite tout manichéisme et souligne un apparent paradoxe : les Grecs ne veulent pas vraiment la guerre, l'ennemi réel se trouve à l'intérieur des remparts, chez les Troyens. Il est possible de déterminer selon cet axe quatre groupes de personnages.

D'abord, parmi les indifférents, Pâris finit par obéir à Hector et Busiris incarne une caricature de diplomate, capable de tous les retournements.

Sont plus nettement dangereux les partisans déclarés de la guerre. Parmi eux, cependant, le Grec Oiax, d'abord très agressif (acte II, sc. 9 et 10), se range du côté d'Hector, par solidarité, et estime de soldat (acte II, sc. 11) – c'est aussi un rappel de l'*Iliade*, où Ajax, sur le champ de bataille, pactise finalement avec Hector. Plus ambigu, Ulysse part, en « rusant contre le destin ». Il se rapproche ainsi d'une autre catégorie de personnages, les fatalistes. En revanche, nombreux sont les Troyens qui incitent à la guerre. Priam vante l'héroïsme guerrier (acte I, sc. 6), Abnéos réclame un chant de guerre (acte II, sc. 4), le Géomètre refuse la restitution d'Hélène, Demokos est un belliciste actif, directement responsable du conflit, par son mensonge final. La foule aussi est belliciste : les Vieillards, obnubilés par la beauté d'Hélène, les Gabiers, qui font échouer la négociation en décrivant l'union d'Hélène et de Pâris en termes crus (acte I, sc. 12). Giraudoux représente la bêtise dangereuse de la foule, mais souligne, derrière la farce grossière, l'idée que la pulsion guerriè-re s'enracine directement dans la sexualité et la libido.

En face, les pacifistes, Hécube, Andromaque et Hector. Hécube multiplie les remarques incisives. Andromaque nie d'abord la guerre (acte I, sc. 1), plaide contre elle (acte I, sc. 3 et 6) ; elle tente ensuite de convaincre Hélène d'aimer Pâris (acte II, sc. 8) pour donner du moins un sens à la guerre. Hector s'efforce d'éviter la guerre, il plaide pour la paix (acte I, sc. 6), exige d'Hélène son départ (acte I, sc. 8 et 9) ; il obtient le retourne-ment de Busiris (acte II, sc. 5), supporte la gifle d'Oiax (acte II, sc. 9) et la grossièreté de ce dernier envers Andromaque (acte II, sc. 14), et négocie avec Ulysse (acte II, sc. 12). Mais il finit par douter et cette ambivalence montre bien que la guerre provient du désir : en effet, si Hector résiste au nom de la raison et de l'amour, il a conscience de sa propre violence (acte I, sc. 3), « il me vient d'ailleurs un désir plus incoercible de tuer... » (acte II, sc. 13). Il l'exerce en giflant Demokos (acte II, sc. 11), puis en le tuant (acte II, sc. 14) et démontre donc le caractère peut-être inéluctable de la guerre.

Trois personnages considèrent la guerre comme une fatalité. Cassandre semble prévoir le dénouement. « Otage du destin » (acte II, sc. 13), Hélène reste passive, indifférente, mais refuse la pitié (acte II, sc. 8). Ulysse paraît détenir une sagesse sans illusions. Enfin, deux divinités apparaissent, la Paix, pâle puis fardée (men-songère, déguisée), et « malade » (acte I, sc. 10), puis Iris, qui annonce le message contradictoire d'Aphrodite et Pallas Athéna, et l'injonction impossible à suivre de Zeus (acte II, sc. 12).

Ainsi, la guerre apparaît-elle comme une fatalité, au-delà des raisons contingentes que sont, apparemment, l'enlèvement d'Hélène et, plus cachées, des causes économiques : « Les autres Grecs pensent que Troie est riche » (Ulysse, acte II, sc. 13).

Mais la guerre semble aussi constitutive de l'être humain, car elle est inscrite dans le langage : il s'agit constamment de « déclarer » la guerre, les chants guerriers et les insultes ont un pouvoir déclencheur, les portes de la guerre sont un lan-gage symbolique, de même que les « manquements » de la marine grecque, qui sont des signes interprétables.

Elle prend origine dans le refus et la peur de l'autre. La méfiance envers l'étranger se manifeste tout au long de la pièce : la beauté des femmes (acte I, sc. 4 et 6), la rapidité des bateaux, prétextes à comparaison (acte II, sc. 12). Hélène est constamment considérée comme l'« étrangère » qui fascine ou inquiète. À la scène 13 de l'acte II, Ulysse et Hector se livrent à une joute oratoire qui souligne les différences entre leurs patries et, dans la scène 12, Demokos déclare la musique grecque « anti-troyenne au plus haut point » (c'est vraisemblablement une allusion à l'intolérance des Français, après la Première Guerre mondiale, envers la musique wagnérienne de leurs voisins allemands).

La guerre est enfin partie prenante du désir. Le parallèle entre le désir et la guerre est manifeste dans la didascalie finale : « *Les portes de la guerre s'ouvrent lentement. Elles découvrent Hélène qui embrasse Troïlus* ». Troïlus incarne la pureté, il lutte contre son attirance pour Hélène, mais finit par succomber : le tableau final symbolise la victoire des pulsions, la victoire de la force vitale, désir et violence confondus, représentée par la fascinante Hélène. Au dénouement, la Grecque l'emporte sur le Troyen, le déchaînement des passions sur la raison. L'amour idéal, opposé par essence à la guerre, est lui aussi ressenti par Andromaque comme un conflit : « On ne s'entend pas, dans l'amour. La vie de deux époux qui s'aiment, c'est une perte de sang-froid perpétuel » (acte II, sc. 8).

Est-il donc vain de lutter contre la guerre, et peut-on parler du pacifisme de Giraudoux ? Certes, les personnages belliqueux, Demokos, Oiax ivre, sont constamment ridiculisés. « Andromaque, c'est mon amie », disait Giraudoux, et Hector, personnage positif qui suscite la sympathie, semble un porte-parole de l'auteur. Cependant, le destin l'emporte puisque c'est en voulant éviter la guerre qu'Hector la déclenche – défaite du partisan le plus actif de la paix. Giraudoux disait, dans un entretien avec Benjamin Crémieux (7 décembre 1935), avoir voulu écrire « un ouvrage dominé par une fatalité ». À Benjamin Crémieux qui s'exclame : « La fatalité de la guerre ? (...) Je me demande s'il n'y a pas là une abdication de l'humaniste que vous êtes. », Giraudoux répond : « Je m'attache à dénombrer ces forces obscures et à leur enlever ce qu'elles ont d'obscur, à les montrer en pleine clarté. Je fais mon métier ; aux hommes qui m'écoutent, si je les ai convaincus, d'agir contre elles, de les briser. » *La guerre de Troie n'aura pas lieu* n'est pas une pièce à thèse, ni un manifeste pacifiste. D'ailleurs, dans ce même entretien, Giraudoux affirme sa grande sympathie pour les partisans de la paix, mais définit le pacifiste comme « un homme toujours prêt à faire la guerre pour l'empêcher ». Avec ce paradoxe brillant, conforme au dénouement de la pièce, Giraudoux montre qu'il n'a pas écrit une œuvre militante, mais qu'il agit en tant qu'écrivain, en mettant au jour les « forces obscures » présentes dans l'être humain. La guerre est en l'homme, y compris dans les anathèmes lancés contre les bellicistes, et la seule façon de l'endiguer, c'est d'en prendre conscience. Giraudoux, par la distanciation théâtrale – il considérait le théâtre comme « la seule forme d'éducation morale ou artistique d'une nation » (*Bellac et la tragédie*, dans *Littérature*), veut provoquer la réflexion des spectateurs. Il pratique une philosophie de la conscience, dans la lignée de la philosophie antique et classique qui oppose la raison aux passions, et en cela il se montre, non pas fataliste, ni pacifiste militant, mais réellement humaniste.

Correspondances

- Homère, *Iliade*.
- Rabelais, *Pantagruel*.
- Louis-Ferdinand Céline, *Voyage au bout de la nuit*.
- Vercors, *Le Silence de la mer*.
- Roger Martin du Gard, *Les Thibault : L'été 1914*.
- Claude Simon, *Les Géorgiques*.
- Julien Gracq, *Le Rivage des Syrtes*.
- Dino Buzzati, *Le Désert des tartares*.
- André Malraux, *L'Espoir*.
- Jean Giono, *Le Hussard sur le toit*.

Le destin, les dieux, les hommes

Ni pièce de circonstances, ni pièce d'actualité, *La guerre de Troie n'aura pas lieu* est une mise en scène des thèmes chers à l'auteur. « C'est une tragédie que j'ai voulu écrire (...) c'est à dire un ouvrage dominé par une fatalité » (*Conversations sur le théâtre, Je suis partout*, 7 décembre 1935, B. Crémieux). L'ensemble de la pièce est marqué par la transcendance, constamment reniée, mais constamment présente.

Le destin

La transformation par Giraudoux du dénouement heureux de la première version en dénouement tragique exprime la volonté de l'auteur de montrer l'accomplissement du destin, conformément à la règle aristotélicienne de la *catastrophè*, c'est-à-dire le retournement de situation. L'ironie tragique provient ici du choix d'Hector, « l'ancien combattant » pacifiste, pour ouvrir le conflit. Ainsi est levée dans le dénouement l'ambiguïté de la métaphore initiale du tigre : Hector est bien le tigre dont le réveil dangereux est annoncé par Cassandre dans la première scène, c'est lui qui a « poussé de son mufle les portes... ». L'ellipse des points de suspension suggère évidemment le nom des portes de la guerre. « Il n'y a jamais que deux personnages chez Giraudoux, Dieu et l'homme » : cette analyse de C.-E. Magny est confirmée par le personnage lui-même « on lutte contre quelque chose d'inflexible » (acte I, sc. 9), qui est inscrit dans le « miroir » du monde, nouvelle version du fil des Parques, ou du grand rouleau de Jacques le Fataliste, qui symbolise la résistance aux volontés humaines.

Les dieux

Les dieux interviennent directement dans la pièce, conformément à la tradition épique et théâtrale, doublement représentée ici. La Paix, évoquée magiquement par Cassandre, se révèle une apparition chétive, évanescente malgré son fard. Incapable de s'imposer, elle appelle Hélène à son secours

(« aide-moi »). Iris, en contraste, représente la poésie du ciel avec sa grande écharpe, mais son message n'est pas plus rassurant. La contradiction des propos d'Aphrodite et de Pallas est le reflet divin de l'éternel conflit humain entre l'amour et la raison. L'ordre menaçant de Zeus remet la décision capitale entre les mains des négociateurs et livre les hommes à leur propre responsabilité, mais aussi à l'ambiguïté de la parole. Comme dans *Électre*, Giraudoux se moque des dieux : ils paraissent indifférents au genre humain et peu enclins à leur porter secours. Leur caractère énigmatique est perçu par les hommes (« si vous avez découvert ce qu'ils veulent, les dieux, dans cette histoire »), qui les considèrent avec scepticisme, prudence et ironie. Hector les accuse d'irresponsabilité (acte II, sc. 5) et Ulysse de parjure (acte II, sc. 12).

Entre le monde des dieux et celui des hommes, la communication s'opère par le biais des interprètes. Cassandre, prophétesse mythique, est douée d'un pouvoir réel (« je sens son destin... Je tâte la vérité ») qui dénie toute capacité de voyance : « Je ne vois rien. Je ne prévois rien. Je tiens seulement compte de deux bêtises, celle des hommes et celle des éléments ». Elle réduit la définition du destin à deux formules, l'une abstraite – « c'est la forme accélérée du temps » –, c'est-à-dire une conscience réductrice du monde, l'autre métaphorique – « un tigre qui dort » –, image du danger qui guette l'humanité.

Les hommes

Paradoxalement les êtres les plus sceptiques, Ulysse et Hector, sont ceux qui reconnaissent le plus la présence de la fatalité. Le mot *destin,* employé douze fois dans la pièce, est utilisé six fois par Ulysse dans la scène 12, dont une avec majuscule. Il en donne une définition moderne, et le présente comme une causalité historique (« quand le destin a surélevé deux peuples, quand il leur a ouvert le même devenir d'invention et d'omnipotence », acte II, sc. 13), incluant le progrès technique et culturel. Il qualifie ce déterminisme de « petite politique » et l'assimile sans ambiguïté au rôle « du Destin », avec majuscule. Dédaignant les luttes fatales des « ennemis », il choisit de livrer un combat de simples « adversaires », mais ce faisant, il métamorphose l'histoire en fatalité antique. Il lit le destin, inscrit dans l'univers avec « les voies des caravanes et les chemins des navires » dans une vision voltairienne de la civilisation. Sceptique devant l'avenir troyen, il accepte cependant « d'aller contre le sort » et de « ruser contre le destin » en se prêtant à un simulacre de paix. La conduite d'Hélène découle d'une morale différente. Sa sagesse consiste à accepter la nécessité, à s'interdire toute initiative. De là naît sa liberté, manifestée par une distance constante dans sa relation aux dieux et aux hommes et par le don indifférent de sa beauté. Elle incarne véritablement la femme fatale, « otage du destin » et « mise en circulation sur la terre pour son usage personnel ». En lui octroyant la faculté d'une vision humoristiquement colorée mais parfois inquiétante, Giraudoux lui accorde plus que la voyance, il charge le personnage d'un poids métaphysique qui le renouvelle complètement. Consciente et victime du pouvoir de la fatalité, elle trouve sa propre réalisation d'être humain dans l'acceptation et incarne la volonté de réalisme et de réflexion permanente dans l'œuvre de Giraudoux.

Correspondances

Autour du thème de la fatalité tragique :
• Jean Cocteau, *La Machine infernale*.
• Jean-Paul Sartre, *Les Mouches*.
• Jean Anouilh, *Antigone*.
• Samuel Beckett, *En attendant Godot*.
• André Malraux, *La Condition humaine*.

Tragique et comique

La guerre de Troie n'aura pas lieu est incontestablement un sujet tragique, mais Giraudoux le traite délibérément sur un mode souvent irrespectueux.

Une crise tragique

La pièce s'ouvre sur un état de crise, avec l'arrivée des Grecs qui viennent réclamer Hélène aux Troyens. La fatalité pèse sur l'histoire : malgré le titre, le spectateur sait que la guerre a eu lieu, qu'il faudra subir « l'épouvantable forme accélérée du temps » et assister à la lutte dérisoire d'Hector.

Giraudoux y respecte la règle classique des trois unités :
– unité d'action, puisque tous se déterminent, à un moment donné, pour ou contre la guerre ;
– unité de lieu, puisque tout se passe dans le palais de Priam ;
– unité de temps, puisque l'action tient dans la durée réelle de la pièce.

Hector et Andromaque, faits d'un seul bloc et habités de la même volonté, sont des héros tragiques ; le discours aux morts d'Hector, les dialogues et les face-à-face tendus (acte II, sc. 8 et 13) ancrent la pièce dans le tragique.

La présence et les formes du comique

Pourtant, comme souvent chez Giraudoux, les tons et les genres se mélangent.

Des scènes franchement comiques suivent des scènes pathétiques (acte I, sc. 3 et 5).

À l'intérieur d'une même scène, (commentaire d'Hécube, acte I, sc. 6) ou d'une même tirade, ou dans les propos d'un même personnage, se trouvent des changements de ton et de registre (Pâris, acte II, sc. 4 ; le Gabier, acte II, sc. 12 ; Hector et Ulysse, acte II, sc. 13).

Le comique a différentes sources et peut prendre de multiples nuances : comique de situation qui résulte de l'affrontement de personnages opposés, comique de gestes (acte II, sc. 9 et 10), comique de mots puisque Giraudoux se plaît à jouer avec le langage, les thèmes littéraires, les allusions, les anachronismes. Le comique peut résulter de l'ironie, comme à la scène 3 de l'acte I, avec la solution maternelle des guerres ; il peut venir aussi de la parodie (acte I, sc. 6 ; acte II, sc. 4 et 5) ; il touche au vaudeville avec Oiax (acte II, scène 4), à la farce avec gags avec Demokos (acte II, sc. 4), au burlesque avec les Vieillards.

La dynamique du heurt entre le comique et le tragique

L'intrusion soudaine du comique n'engendre pas seulement le rire. Il peut faire naître l'émotion, ainsi la parodie du discours aux morts d'Hector (acte II, sc. 5) devient une dénonciation passionnée de la guerre. C'est aussi un moyen d'exorciser l'inquiétude et l'horreur de la guerre et d'ironiser sur tous ceux qui clament cyniquement que la guerre sera évitée pour endormir les vigilances en 1935 et, en même temps, en utilisant le registre de la farce, de faire preuve d'un volontarisme optimiste qui, en dévalorisant les fauteurs de guerre (comme Chaplin dans *Le Dictateur*), peut espérer les abattre par la force du ridicule.

Correspondances

• Aristote établit dans la *Poétique* la classification des genres qui fondera l'idéal classique.

• Boileau, *Art poétique*, I, 13.

• Shakespeare, *Le Roi Lear, Le Songe d'une nuit d'été*.

• Apparition au XVIIIᵉ siècle du drame bourgeois, théorisé par Diderot.

• Victor Hugo, préface de *Cromwell* : esthétique du mélange ; voir aussi sa préface aux *Odes et ballades* : « Il faut réunir les deux tiges de l'art, le grotesque et le sublime. »

• Victor Hugo, *Hernani*.

• Jean Cocteau, *La Machine infernale*.

• Jean Anouilh, *Antigone*.

• Eugène Ionesco, *La Leçon, Le roi se meurt*.

Les anachronismes et les allusions à la situation contemporaine

La guerre de Troie n'aura pas lieu comporte de nombreux anachronismes. Le titre est lui-même anachronique, puisque c'est la négation d'une vérité historique, et parce que ni Cassandre ni Andromaque ne pouvaient savoir qu'elle porterait ce nom.

Les anachronismes matériels sont variés, certains très évidents : le Géomètre parle de « grammes », de « baromètre », Hélène de « l'or gris » dans les cheveux de la Paix (nouveauté à la mode dans l'entre-deux-guerres), les portes de la guerre sont fermées comme « un coffre-fort » (acte II, sc. 5). Quand Hector dit à Hélène que son « album de chromos » est « la dérision du monde » (acte I, sc. 9), il évoque la lithographie, et Demokos fait allusion à la photographie. De très nombreux termes appartenant au vocabulaire de la marine sont anachroniques.

On trouve aussi des anachronismes littéraires, allusions plaisantes pour un public cultivé. Ainsi Pâris parodie un vers de Lamartine, dans « L'Isolement » (*Méditations poétiques*) : « Un seul être vous manque, et tout est repeuplé » (acte I, sc. 4), un « homme jovial » lance : « Rendons à Pâris ce qui est à Pâris », transposition des Évangiles, ou encore Hélène, lorsqu'elle se décrit « édentée, suçotant accroupie quelque confiture dans sa cuisine » (acte II, sc. 8), fait référence au *Sonnet à Hélène* de Ronsard. Le personnage de Troïlus fait penser aux pages amoureux du Moyen Âge, ou au Chérubin du *Mariage de Figaro* de Beaumarchais.

Certains anachronismes historiques sont peut-être moins évidents, mais les arcs de triomphe, spécifiquement romains, évoquent peut-être les défilés des fascistes italiens dans les années trente. Quant aux portes du temple de la guerre, c'est une référence directe au temple de Janus Bifrons, à Rome. La géographie de la pièce est fréquemment anachronique : Giraudoux invente l'île d'Ophéa, Syracuse n'existe pas au temps de la guerre de Troie, il est aussi question de la « Russie ». D'autres anachronismes historiques sont plus nets, car ils renvoient à l'époque contemporaine de la pièce. Ainsi, la « cocarde » (acte II, sc. 5), le vin qu'on donne aux soldats, comme dans les tranchées, et l'idée de couper l'index droit du fils, allusion à la mobilisation de 1914, où c'était un cas de réforme. Dès la première scène, Andromaque affirme que la guerre dont Hector revient victorieux « sera la dernière », allusion, encore, à la « der des ders ».

Les anachronismes politiques sont constants, et ne pouvaient échapper au spectateur de 1935 : « conseil de guerre des généraux et des intellectuels » (acte II, sc. 4), « position morale internationale », « mesures offensives-défensives », « anciens combattants » (acte II, sc. 5), « conversations diplomatiques » (acte II, sc. 12). La scène 5 de l'acte II présente Busiris, « le plus grand expert vivant du droit des peuples », caricature de diplomate.

Quel est le sens de tous ces anachronismes ? Ils représentent d'abord une distraction pour le lecteur-spectateur, et participent au mélange du comique et du tragique, puisqu'ils font sourire. Le refus de la grandiloquence, des modèles figés, est leur premier principe. Giraudoux pratique le mélange cocasse dans la lignée des normaliens de son époque, tel Jules Romains, auteur des *Copains*, « bréviaire de la sagesse facétieuse ». Les anachronismes établissent ainsi une connivence, parfois très érudite, avec le spectateur. Ils procèdent aussi à une démythification. Les héros grecs et troyens paraissent moins solennels, ils y gagnent en authenticité, avec l'idée que l'humanité ne change guère à travers les siècles. En même temps, l'anachronisme permet une distanciation, principe essentiel du théâtre selon Giraudoux. Il est aussi un jeu avec les mots et les réalités, procédé cher à Giraudoux qui voulait un théâtre « littéraire ». Le caractère comique de l'anachronisme est une façon de répondre par l'humour à l'angoisse, tout en maintenant une position réflexive, et en incitant le spectateur à appliquer à son époque, à ses préoccupations, les problèmes posés par la pièce.

Est-ce à dire que *La guerre de Troie n'aura pas lieu*, représentée pour la première fois le 21 novembre 1935, est directement inspirée par une actualité politique inquiétante ? La pièce, dont une première version était terminée en juin 1935, a été encore remaniée lors des répétitions en septembre 1935, et c'est à la fin de celles-ci que fut ajoutée la scène du diplomate Busiris (acte II, sc. 5). Certes, ce personnage semble bien inspiré de Nicolas Politis, juriste et ministre grec chargé le 21 août 1935 d'arbitrer le conflit entre l'Italie et l'Abyssinie.

L'invasion de l'Abyssinie se produisit cependant le 3 octobre. Elle ruina les efforts de la conférence de Stresa, qui avait réuni en avril 1935 Mussolini, MacDonald et Pierre Laval, inquiets des projets d'Hitler – cette conférence se déroulait sur les terrasses d'Isola Bella, et l'on songe évidemment à la scène 13 du deuxième acte.

Cependant, on ne saurait voir dans *La guerre de Troie* une transposition immédiate de l'actualité politique, parce que Giraudoux s'en est défendu. Il disait à Benjamin Crémieux le 7 décembre 1935 (dans *Je suis partout*) : « Je n'ai pas voulu écrire une pièce d'actualité ». À la remarque : « Mais vous avez multiplié les anachronismes », il répond : « Je ne nie pas m'être amusé à quelques-uns (...) Que les veilles de guerre présentent beaucoup d'analogies, soit qu'elles se situent dans l'Antiquité, soit qu'elles se situent à notre époque, c'est un fait qui ne me surprend pas outre mesure ». Certes Giraudoux se souvenait de la Première Guerre mondiale et il était particulièrement conscient de la montée du péril hitlérien – il parle bien de « veille de guerre ». Mais sa pièce se veut d'abord une réflexion sur la guerre en général ; elle n'est pas directement décalquée de l'actualité politique, même si elle y fait parfois allusion, et les anachronismes ont une portée beaucoup plus large, liée à sa conception du théâtre et de la fatalité.

Correspondances

- Stendhal, *Chroniques italiennes*.
- Alfred Jarry, *Ubu Roi*.
- Louis-Ferdinand Céline, *Voyage au bout de la nuit*.
- Erich Maria Remarque, *À l'Ouest, rien de nouveau*.
- Eugène Ionesco, *Rhinocéros*.
- Gérard Genette, *Palimpsestes. La Littérature au second degré*.

L'accueil en 1935

La guerre de Troie n'aura pas lieu a rencontré un accueil extrêmement favorable :

> « Voici de tout le théâtre de Giraudoux et de tout le théâtre fançais et même de tout le théâtre occidental de son temps, la pièce la plus célèbre, la plus jouée, la plus vendue, la plus éditée, traduite, commentée – celle que Giraudoux, au demeurant, aimait le moins, peut-être parce qu'elle était trop visiblement faite par un lettré pour des lettrés, peut-être parce qu'elle jouait trop ouvertement avec le feu, avec le souvenir des morts et la menace de la guerre, peut-être enfin parce que les effets de théâtre y laissent à nu les contradictions de la pensée ; mais peut-être aussi parce qu'étant très réussie, elle n'avait pas besoin, en plus, d'être aimée de son créateur. »

> Début de la notice consacrée à la pièce par J. Body
> dans l'édition de la Pléiade, 1982, p. 1490.

Les critiques, au moment de la première, furent contradictoires et polémiques en fonction des tendances politiques des auteurs, la presse de gauche globalement favorable au message pacifiste, la presse de droite indignée par cette lâcheté – mais les anciens combattants applaudissant en général à ce plaidoyer pour la paix fait par un des leurs. On soulignait l'actualité de la pièce, quelques critiques saluaient Giraudoux comme étant au-dessus des partis. Les journaux publièrent quelques réserves sur les costumes et les décors, mais l'interprétation suscita un éloge presque unanime, pour Jouvet en Hector, mais aussi pour Renoir, Renée Falconetti, Marie-Hélène Dasté . Il y eut 195 représentations du 21 novembre 1935 au 5 mai 1936, et 52

---

1. Jacques Body n'évoque aucun jugement sur le jeu de Madeleine Ozeray, pourtant si belle d'après la photographie que nous avons pu voir p. 19.

représentations à la reprise avec *L'Impromptu de Paris* qui venait d'être composé en réplique aux critiques concernant *Électre* [1] au lieu du *Supplément au voyage de Cook*, à partir du 4 décembre 1937. La presse internationale avait aussi très bien accueilli la création, ce qui entraîna un mouvement de traduction (A. Kolb en allemand dès 1936), et de mises en scène à l'étranger. Pendant la guerre, Jouvet et sa troupe la représentèrent en Amérique du Sud.

On a essayé d'interviewer Giraudoux sur la portée de sa pièce et son actualité, et ses réponses ont été, comme à son ordinaire, une manière de « s'échapper » [2] : Benjamin Crémieux obtint une interview pour *Je suis partout* – journal plus tard nettement marqué comme collaborationniste –, publiée le 7 décembre 1935 :

« Je trouve là, et plus encore dans votre pièce, un de vos thèmes favoris : l'hymne au fédéralisme humain, bien plus, à la fédération de l'espèce humaine, de toutes les espèces animales et végétales. L'extase de votre Gabier devant "un bouleau frémissant" me semble bien caractéristique à cet égard. Mais, avant tout, votre pièce est une pièce d'actualité. Sous leur costume grec, vos personnages sont tous nos contemporains, que ce soit Hector, l'ancien combattant, Hélène, la "vamp" au sex-appeal funeste ; Priam, le vieux gouvernant ; Demokos, l'attise-feu bien-pensant.

– J'interromps encore ; je n'ai pas voulu écrire une pièce d'actualité. J'ai, selon ma coutume, voulu développer un certain nombre d'idées qui me sont chères, et dont l'intérêt me paraît permanent.

– Mais vous avez multiplié les anachronismes.

– Je ne nie pas m'être amusé à quelques-uns, mais il y en a moins qu'il ne peut sembler à première vue. Que les veilles de guerre présentent

---

1. Voir le dossier sur l'accueil critique d'*Électre* dans le Petit classique correspondant.
2. Sur le dédoublement et l'absence chez lui, voir la rubrique « Contexte » du Petit Classique *Électre* et les références à l'ouvrage de J. Body, *Jean Giraudoux, la légende et le secret*.

beaucoup d'analogies, soit qu'elles se situent dans l'Antiquité, soit qu'elles se situent à notre époque, c'est un fait qui ne me surprend pas outre mesure. La tragédie est toujours la tragédie. Or, c'est une tragédie que j'ai voulu écrire. Une tragédie, bien entendu, à ma manière, mais une tragédie, c'est-à-dire un ouvrage dominé par une fatalité. »

Hélène n'a pas vieilli

La pièce eut ensuite beaucoup de succès en particulier dans les pays de l'Est dans les années 50-60 : Jacques Body parle d'un « signe de printemps ». Elle fut créée avec succès également au Japon (moins qu'*Ondine* semble-t-il), et en Israël en 1977. Parmi les reprises mémorables en France, on connaît celle du T.N.P par Jean Vilar en 1963, du théâtre de la Ville en 1971 par Jean Mercure. Si l'on excepte certaines bouderies devant la préciosité et la subtilité excessive de Giraudoux (André Gide) ou devant son pacifisme (Paul Claudel), on note en général, à l'occasion des reprises, ici ou là, des commentaires du type : « Giraudoux vieillit bien » ou « la pièce n'a pas une ride ». Colette par exemple a trouvé la subtilité du style d'*Électre* excessive et réagi en regrettant *La guerre de Troie* en 1937 : la préférence générale du public semble s'accorder avec ce jugement, même si certains lecteurs, comme Giraudoux lui-même, préfèrent des pièces moins connues et moins souvent représentées.

Jugements critiques

Le jugement de Paul Claudel est purement politique :

« Cette apologie de la lâcheté et de la paix à tout prix est répugnante ».

Sur le même problème de la représentation de la guerre, V.-H. Debidour est beaucoup plus positif (son *Giraudoux* paraît en 1958) :

« Giraudoux s'est attaché désespérément à lever l'équivoque qui pèse sur un terme comme celui de *héros*. [...] Certes la tentation est terrible pour eux de sublimer en vocation ce qui n'est que leur situation. Hector lui-même connaît ce vertige éblouissant, "cette petite délégation que les dieux vous donnent au moment du combat". »

André Gide (*Journal*, 2 janvier 1943) est très dur dans son jugement, qui est partagé par un grand nombre de lecteurs ou spectateurs :

« Je relis *La guerre de Troie n'aura pas lieu* (j'avais assisté à la représentation). L'on s'étonnera bientôt qu'il y ait eu un public pour donner assentiment, et même se pâmer, à ce ballet de sophismes, à cette danse sur les pointes de paradoxes exaspérants. »

Pour la « psychocritique » de Charles Mauron (*Le Théâtre de Giraudoux*, 1971) les personnages incarnent chacun une représentation et un rêve du moi :

« Le couple Hector-Andromaque représente un moi rêvant de vivre heureux, en paix. Une réalité cruelle vient angoisser ce rêve et le transforme en cauchemar. Les deux figures majeures de ce cauchemar sont Hélène et Ulysse. Ces personnages représentent des formations de compromis, car d'une part ils insistent sur la réalité du danger, inéluctable et imminent, d'autre part, ils proposent des systèmes de défense – l'indifférence stoïque ou le détachement amical des hommes supérieurs. Mais ces faibles consolations n'atténuent pas l'horreur du cauchemar. Une partie du moi, Andromaque, se pétrifie ; l'autre, représentée par Hector, joue nerveusement sa dernière chance, et perd. Du point de vue psychocritique, ce phantasme résume assez bien la pièce et en révèle le dynamisme. »

Michel Raimond insiste sur la structure de la pièce (*Sur trois pièces de Jean Giraudoux*, 1982) :

« Il y a un profond statisme de *La guerre de Troie*, dont la structure est fondée sur une reprise constante, fût-ce avec des variations rhétoriques, de la même question : la guerre aura-t-elle lieu ou non ? Ce texte est organisé comme un système qui tend à maintenir un équilibre à peu près constant entre le *oui* et le *non*. Équilibre théorique, car le héros, l'homme de bonne volonté, a lui-même assez vite le sentiment d'être insidieusement débordé par l'enchaînement des circonstances. Il garde le souci de combattre, mais il est vite conduit à s'interroger sur l'efficacité de son combat. C'est toute l'idéologie des années trente qui est en cause : en bref, le héros est-il encore sujet de l'histoire ?»

Gérard Genette réfléchit sur le phénomène d'intertextualité, et en particulier sur la dernière réplique (*Palimpsestes*, 1982, p. 431-432) :

« Le retournement tragique, symbolisé par l'hésitation du rideau, c'est évidemment une nouvelle illustration du principe de la précaution fatale : [...] l'acte salvateur d'Hector s'est retourné en acte funeste. Le piège tragique, la "machine infernale", a encore fonctionné, les dieux sont contents. Mais la réplique finale de Cassandre mérite une attention particulière, car elle souligne pour nous le caractère hypertextuel de la pièce, et, plus précisément, du destin qui s'y joue des hommes. Ce destin, en quoi consiste-t-il au fond, pour nous, spectateurs modernes ? En ce que l'hypotexte – l'*Iliade* bien sûr – dit (raconte) que la guerre de Troie a bien eu lieu. Le destin, comme chacun sait, c'est *ce qui est écrit*. Écrit où donc ? Au ciel, derrière l'Olympe, sur le Grand Rouleau de capitaine de Jacques, sans doute. Mais plus simplement dans le premier (?) texte qui ait raconté cette histoire, ou plus exactement sa suite et son aboutissement. Par Homère et par lui seul, nous savons qu'Hector échouera et mourra. Le texte de Giraudoux ne dispose pas d'une grande "marge de manœuvre" : il consiste en une sorte de grande variation en prélude, qui joue avec son terme *prescrit* comme la souris, peut-être, croit jouer avec le chat. [...] Toute cette suite d'efforts n'avait pour but que de donner enfin "la parole au poète grec". [...] Tout se passe comme si Giraudoux avait voulu écrire, non une tragédie hypertextuelle (elles le sont presque toutes), mais une tragédie dont le tragique soit essentiellement lié à son hypertextualité, comme le comique du *Virgile travesti* ou de *La Belle Hélène* était essentiellement lié à la leur. »

À la mise en scène de Jean Mercure, Bertrand Poirot-Delpech réagissait le 29 janvier 1971 avec des réserves sur la « pose littéraire » mais en saluant le bonheur de théâtre :

« Bien sûr, le poète s'écoute écrire et cultive un peu trop la formule à effet : cette Grèce définie comme "beaucoup de rois et de chèvres éparpillés sur du marbre", ces "dieux qui ne savent pas fermer les portes" et qui font des réponses ambiguës de congrès radicaux [...], tout cela sent terriblement son agrégé d'avant-guerre, le désespoir de salon, la pose littéraire. Mais il y a aussi de la sincérité et une vérité dans les sacrifices demandés à Hector au nom de la paix, une tendresse contagieuse dans le culte de tout ce qui ressemble à l'amour, un tremblement sans frime à l'idée que la mort risque de triompher, et l'illustration la plus radieuse des joies attachées au théâtre de texte. Ces bouleaux de Caspienne, ces amants bercés par les nuits de la mer Égée, ces passages de bêtes et d'oiseaux, même avec leurs airs de tirades, on s'en souviendra encore quand toutes les gestuelles d'aujourd'hui auront été oubliées. »

> Article repris dans *Le Monde, Dossiers et documents littéraires* n° 17, octobre 1997, sous le titre
> « Ces dieux qui ne savent pas fermer les portes ».

Finissons avec l'analyse par Jacques Body de la réussite du duo Jouvet-Giraudoux (Préface à l'édition de la Pléiade du *Théâtre complet*, p. XXIV-XXV et XXVII) :

« Si le Cartel ne s'est pas contenté de mettre le théâtre parisien à l'heure de Londres, de Berlin, de Moscou et de Rome, c'est grâce à l'œuvre de Giraudoux, sa seule création véritablement universelle et durable. »

« En quoi consiste ce métier que Giraudoux aurait appris de Jouvet ? En passant par l'école de Siegfried, ce serait : réduire les jeux de l'imagination aux proportions d'une conversation de salon. [...] Pourtant, sans en avoir l'air, le théâtre de Giraudoux fournit le support d'une scénographie complète : la gloire et la trappe, les "casseroles" et les vapeurs de mercure, les aurores et les fins du monde, l'avant-scène et le lointain, le haut et le bas (par l'escalier et l'ascenseur), le reflet et l'écho, les lieux clos du théâtre classique et du drame bourgeois et les lieux ouverts comme autant de "terrasses d'euphorie", terrasses de Troie ou terrasses de café, toutes les ressources d'un théâtre à l'italienne doté des derniers perfectionnements techniques sont sollicités pièce à pièce. »

Et, pour finir par une sorte d'hésitation du rideau à la manière giraldienne, voici quelques lignes – dans la mesure où l'analyse de J. Body, soutenue par une citation de *Pour Lucrèce*, fin de l'acte II, p. 1290 dans l'édition, s'applique admirablement à la construction circulaire de *La guerre de Troie* (*ibid.*, p. XXVII) :

« Dessin d'un acte : scènes à deux, puis trois, puis quatre personnages, scène de foule et, pour finir *decrescendo*, un monologue. Dessin d'une pièce, un cercle : "Dans les belles aventures, le dénouement nous ramène toujours au pays de départ." – sans doute à une altitude supérieure. »

Le cheval de Troie.
Miniature du Recueil des Hystoires de Troye *de Raoul Le Fèvre.*

Carte du monde grec mythique

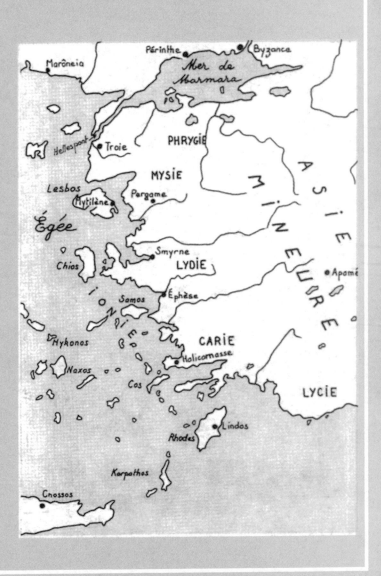

La prise de Troie.
Aquarelle du XVIe siècle. Musée Condé.

Compléments notionnels

Absolu
Du latin *absolutus*, « détaché, parfait, achevé ». Qui ne comporte aucune restriction. Ce qui existe par soi-même.

Acmé
Du grec *akmê*, « sommet, maximum ». Phase de la plus haute intensité (du développement d'une doctrine, d'une période stylistique...).

Allégorie
Du grec *allegoria*. Expression d'une idée par une image, un être vivant.

Allitération
Retour sonore d'une consonne (au sens strict, en début de mot. Par extension, aussi à l'intérieur de plusieurs mots).

Amoral
Qui suppose l'absence de toute loi morale.

Anachronisme
Événement, objet, etc., situé à une époque où il n'aurait pas pu exister.

Anaphore
Du grec *ana-phora*, « report, retour ». Répétition d'un mot ou d'une expression au début de plusieurs phrases ou propositions.

Antithèse
Figure de style qui oppose deux idées, deux expressions.

Aphorisme
Du grec *aphorismos*, « définition ». Phrase brève qui résume une idée donnée comme essentielle.

Assonance
Répétition de la dernière voyelle de deux ou plusieurs mots. Par extension, répétition d'un son.

Athéisme
Négation de l'existence de Dieu.

Axiome
Vérité générale reçue pour vraie sans démonstration.

Bouffonnerie
Ce qui fait rire par son caractère grotesque.

Burlesque
De l'italien *burlesco*, de *burla*, « plaisanterie ». Comique grossier et trivial, qui emploie des termes vulgaires pour parler de choses nobles et sérieuses.

Catharsis
Du grec *katharos*, « pur ». Mot employé dans la *Poétique* d'Aristote, qui désigne la « purgation des passions », c'est-à-dire

la purification que produit, chez le spectateur, le spectacle tragique.

Cliché
Expression trop souvent utilisée, banalité.

Didascalie
Indication de l'auteur concernant le décor, la mise en scène, le jeu des acteurs.

Dithyrambe
Louange enthousiaste et exagérée.

Dramatique
Qualité de l'action d'une pièce de théâtre. Elle consiste en une situation donnée mettant en conflit, dans un dialogue, les passions des personnages, ce qui les pousse à agir.

Drame
Du grec *drama*, « action ». Le genre théâtral par opposition au lyrisme et à l'épopée. Pièce de théâtre qui n'est ni une comédie ni une tragédie.

Drame bourgeois
Qualifie un certain nombre de genres littéraires dont les personnages appartiennent à la classe moyenne.

Épicurisme
Doctrine philosophique d'Épicure, matérialisme (doctrine selon laquelle il n'existe pas d'autre substance que la matière) et empirisme (attitude philosophique selon laquelle toutes nos connaissances viennent de l'expérience, sans idées innées). Pour Épicure, les dieux, s'ils existent, n'interviennent pas dans les affaires humaines. L'âme meurt avec le corps, la morale propose le plaisir, et conseille au sage une vie équilibrée en accord avec la nature.

Fantastique
Introduction du surnaturel dans la vie réelle, qui suscite le trouble et l'angoisse.

Hyperbole
Mot ou locution dont le sens exagère une réalité.

Intrigue
Enchaînement des faits et des actions qui aboutit au dénouement.

Ironie
Du grec *eirôneia*, « action d'interroger en feignant l'ignorance ». Ironie socratique : questionnement pour amener l'interlocuteur à formuler une réponse absurde qu'il devra corriger. Figure de style qui consiste à dévaloriser une position en donnant pour sérieuse une affirmation ridicule.

Lyrisme
Du grec *lura*, « la lyre ». Poésie chantée. Expression exaltée d'un sentiment.

Manichéisme

De *Mani*, « Mânes », ou *Manichaeus*, fondateur persan de la religion manichéenne, au IIIe siècle, basée sur le dualisme entre les principes du bien et du mal, de la lumière et des ténèbres. Toute doctrine qui oppose de façon stricte le bien et le mal.

Métaphore

Du grec *metaphora*, « transport ». Figure de style qui désigne un objet par un mot qui évoque un autre objet, lié au précédent par un rapport d'analogie. La métaphore fusionne les deux termes d'une comparaison implicite, elle suggère donc une autre image, tout en désignant un objet.

Mise en abyme

Expression empruntée (par André Gide) à la science du blason qui désigne un procédé narratif consistant à exprimer, au moyen d'un détail ou d'une courte scène, les enjeux ou les significations de l'ensemble de l'œuvre. Les scènes de théâtre dans le théâtre constituent des exemples classiques de mise en abyme. On peut préférer les termes de *spéculaire*, *spécularité*, qui renvoient plutôt au phénomène du miroir.

Modalisation

Renforcement ou atténuation du point de vue de l'énonciation par des adverbes, des verbes ou des termes affectifs.

Mythe

Récit fabuleux qui a un sens symbolique.

Parabase

Partie d'une comédie grecque dans laquelle le poète, par la bouche du coryphée (chef de chœur), haranguait les spectateurs.

Paradoxe

Affirmation qui va à l'encontre de l'opinion communément admise.

Parodie

Imitation bouffonne donc critique d'une œuvre artistique, d'un passage littéraire.

Pathétique

Ce qui émeut violemment le spectateur.

Symbole

Signe concret, image, qui représente une idée ou un sentiment.

Vaudeville

Comédie légère dans laquelle les quiproquos sont nombreux.

Bibliographie

Édition de références

Jean Giraudoux. Théâtre complet, sous la direction de J. Body, Paris, Gallimard, Bibliothèque de la Pléiade, 1982.

Autres éditions

Jean Giraudoux. La guerre de Troie n'aura pas lieu, Classiques Larousse, texte intégral, édition présentée, annotée et commentée par Catherine Poisson, Paris, 1994, 1996.

Ouvrages et articles

Sur l'époque de Giraudoux et la littérature de son temps

Tonnet-Lacroix É., *La Littérature française de l'entre-deux-guerres*, 1919-1939, Paris, Nathan, 1993.

Sur le théâtre en général et le théâtre grec en particulier

Baldry H.-C., *Le Théâtre des Grecs*, Paris, Maspero, 1975 (trad. de l'anglais, avec une préface de P. Vidal-Naquet) réédité depuis par les éditions La Découverte.

Bernand A., *La Carte du tragique. La Géographie dans la tragédie grecque*, Paris, Éditions du CNRS, 1985.

Demont P., Lebeau A., *Introduction au théâtre grec antique*, Paris, Le Livre de poche, coll. Références, 1996.

Hubert M.-C., *Le Théâtre*, Paris, Armand Colin (coll. Cursus), 1988.

Hubert M.-C., *Histoire de la scène occidentale*, Paris, Armand Colin (coll. Cursus), 1992.

Ubersfeld A., *Lire le théâtre*, Paris, Éditions sociales, 1982.

Vernant J.-P., Vidal-Naquet P., *Mythe et tragédie en Grèce ancienne*, Paris, Maspero, 1973. *Mythe et tragédie II*, Paris, La Découverte, 1986.

Sur la théorie de la réception et l'intertextualité

Genette G., *Palimpsestes. La Littérature au second degré*, Paris, Le Seuil, 1982.

Jauss H.-R., *Pour une esthétique de la réception*, Paris, Gallimard, Tel, 1978 pour l'édition française.

Sur le personnage d'Hélène dans la littérature et l'imaginaire
Backès J.-L., *Le Mythe d'Hélène*, Clermont-Ferrand, ADOSA, 1984.

Sur Jean Giraudoux
Alberes R.M., *Esthétique et morale chez Jean Giraudoux*, Paris, Nozet, 1957.

Body J., *Jean Giraudoux et l'Allemagne*, Paris, Didier, 1975.

Body J., *Jean Giraudoux, la légende et le secret*, Paris, PUF, 1986.

Coyault S., *Le Personnage dans l'œuvre romanesque de Jean Giraudoux*, Berne, Lang, 1992.

D'Almeyda P., *L'Image de la littérature dans l'œuvre de Jean Giraudoux*, Paris, Grasset, 1988.

Debidour V.-H., *Giraudoux*, Paris, Éditions universitaires, 1958.

Dufay Ph., *Jean Giraudoux*, Paris, Julliard, 1993.

Magny C.-E., *Précieux Giraudoux,* Paris, Le Seuil, 1945.

Marker Ch., *Jean Giraudoux par lui-même*, Paris, Le Seuil, 1954.

Mauron Ch., *Le Théâtre de Giraudoux, étude psychocritique*, Paris, Corti, 1971.

Raimond M., *Sur trois pièces de Giraudoux*, Paris, Nizet, 1982.

Robichez J., *Le Théâtre de Jean Giraudoux*, Paris, SEDES, 1976.

BIBLIOGRAPHIE·FILMOGRAPHIE

Quelques avatars de la guerre de Troie dans la littérature et la musique

Benoît de Sainte-More, *Le roman de Troie*, poème épique, XIIe siècle.

Hector Berlioz, *Les Troyens* (d'après l'*Énéide*), 1863, voir le n° 128 de l'*Avant-scène Opéra*, 1990.

Jean Racine, *Andromaque*, 1667.

Jacques Offenbach, *La Belle Hélène*, création à Paris, théâtre des Variétés, le 17 décembre 1864, livret de Meilhac et Halévy, Hortense Schneider dans le rôle d'Hélène (nombreuses reprises). Voir le numéro 125 ; *Offenbach. La Belle Hélène*, de l'*Avant-scène Opéra*, novembre 1989.

Filmographie

Films dans le genre de la reconstitution historique et du péplum

Hélène de Troie (*Helen of Troy*), par Alexander Korda, 1927, avec Maria Korda, Lewis Stern, Ricardo Cortez.

Hélène de Troie (*Helen of Troy*), par Robert Wise, 1955, États-Unis, avec Rosana Podesta, Jacques Sernas et Brigitte Bardot.

La Guerre de Troie (*La Guerra di Troia*), par Giorgio Ferroni, 1961, Italie-France, avec Steve Reeves, Juliette Mayniel et John Barrymore.

Hélène Reine de Troie, par Giorgio Ferroni, 1963, Italie, avec Mark Forest, Yvonne Furneaux et Massimo Serato.

CRÉDIT PHOTO : p. 7, Ph. © Lipnitzki - Viollet. p. 8, Ph. © H. Manuel / T p. 19, Ph. © Lipnitzki - Viollet . p. 35, Ph. Coll. Viollet / T. p. 38, Ph. © H. Manuel / T. p. 45, Ph. © Roger Viollet / T. p. 65, Ph. © Badisches Landesmuseum. p. 66, Ph. © Hirmer Verlag. p. 144, Ph. © Bonn Université 78. p. 149, Ph. © Charlottenburg Museum. p. 185, Ph. © Giraudon. p. 202, Ph. © Lipnitzki - Viollet. p. 231, Ph. © Bridgeman-Giraudon. p. 232-233, Carte : Laurent Faye. p. 234, Ph. © Lauros-Giraudon.

Direction de la collection : Carine GIRAC-MARINIER
Direction artistique : Emmanuelle BRAINE-BONNAIRE
Responsable de la fabrication : Marlène DELBEKEN
Dessin de couverture : Alain BOYER

Compogravure : P.P.C. – Impression : Rotolito Lombarda (Italie)
Dépôt légal : Janvier 2009 – N° de projet : 11012969 – Août 2010